MENTAL HACKS

世界最先端の研究から生まれた

すごいメンタル・ハック

ストレスフリーで生きる77の心理術

内藤誼人
Yoshihito Naito

清談社
Publico

はじめに

すべての悩みには、一瞬で消去する方法がある。

生活に役立つ、ちょっとした小技のことを、英語で「ライフ・ハック」と呼ぶ。いってみれば、おばあちゃんの知恵のようなものだ。

同じように、生きていくうえで役に立つ、心理的な技法もある。本書では、それらを総称して **「メンタル・ハック」** と呼ぶことにしたい。

心臓に毛が生えたような、メンタルが強い人がいる。

しかし、彼らは本当にメンタルが強いのかというと、決してそんなことはない。**彼らは「メンタルが強そう」に見えるだけである。** 心の中をのぞいてみれば、普通の人と変わらない。不安やら後悔やら、悩みや苦しみでいっぱいなのだ。

「でも、メンタルが強い人って、現実にいますよね？　僕の知り合いにもいますよ」

そう思う人もいるであろう。

しかし、それも違う。そういう人が、まったく苦悩を感じていないのかというと、そんなことはない。人間であるかぎり、あれこれと思い悩むことは絶対にあるはずなのだ。ただ、そういう**ネガティブな感情を、上手《じょうず》に処理するメンタル・ハックを実践している**ので、周囲の人にはそれが見えないだけなのである。

本書では、**心の悩みをいっぺんに吹き飛ばすためのメンタル・ハック**を数多く紹介していきたいと思う。

それらのメンタル・ハックを読者のみなさんも実践していただけるなら、みなさんだって「メンタルが強い人」になることは十分に可能だ。

もし、現在、みなさんが、心配性で、悩み多き人なのだとしても、それはメンタル・ハックを知らないからであって、**いったんメンタル・ハックを学んでしまえば、だれでも「メンタルが強い人」になることはできる。**なぜなら、「ハック」（小技、テクニック）は、だれにでも実践できる知識であり、知恵だからだ。

キャンプに行ったとき、ランタンを忘れてしまったとしても、牛乳パックがあれば、代用ロウソクが簡単につくれる。空っぽの牛乳パックをらせん状に切って火をつけると、牛乳パックの内側に引かれたパラフィンのために、いつまでもトロトロと炎を上げるのだ。

これはキャンプに役立つ、ちょっとした「ハック」であるが、ストレスを感じたときや、ネガティブ思考にとらわれたときにも、心理学のハックを使えば、簡単に心をスッキリさせることができるのである。

心の中が、たえずモヤモヤしていたり、過ぎたことをいつまでもくよくよ思い煩ってしまったりして苦しさを感じる人に、ぜひ本書をお読みいただきたい。**心の悩みなど、メンタル・ハックでいくらでも打ち消すことができる**ことをご理解いただけるはずだ。

どうか最後までよろしくおつきあいいただきたい。

世界最先端の研究から生まれた すごいメンタル・ハック

Contents

Contents

Chapter 3

人間関係の悩みがゼロになる! すごいメンタル・ハック17

Contents

Chapter 5

ぶれない鋼鉄の心をつくる! すごいメンタル・ハック13

Contents

すごい
メンタル・ハック
18

Chapter
1

小さなことにくよくよしない!

HACK 01

迷ったら、とにかく行動する。

人生においては、さまざまな岐路、さまざまな選択を迫られることが少なくない。どの大学に進学するか、どの企業に就職するか、転職したほうがいいのかどうか、だれと結婚するか、いや、そもそも結婚したほうがいいのかどうか……。

私たちは、たえず選択に迫られて、そのたびに悶々《もんもん》とする。

もし間違った選択などをしたら、人生がダメになってしまうかもしれないと思うと、なかなか選ぶことはできない。

けれども、どんな選択をするにしろ、ひとつだけアドバイスしておきたいことがある。

それは、**迷ったときにはとにかく「やってみる」を選択することである。** 迷うだけ迷って、「やっぱり、やるのをやめた」ではなく、「とにかく、やってみるか」を選んでほしいのだ。

これが後悔しないコツである。

後悔には2種類ある。「した」後悔と、「しなかった」後悔だ。

イリノイ大学（以下、国名表記のない大学はすべて米国）のニール・ローズが後悔の強さについて調べたところ、男性でも女性でも、「した」後悔より、「しなかった」後悔のほうがはるかに大きく、長く尾を引くことがわかった。

たとえば、だれかを好きになって、「告白するか、しないか」で悩んでいるとしよう。この場合、もし「やっぱり告白はやめておこう」としてしまうと、その後悔はものすごく大きくなるのである。

かりに「告白する」を選択し、それによって相手に断られてしまったとする。「した」後悔だ。しかし、**こういう種類の後悔は、数日もたつと痛みが薄らぎ、そのうち消えてなくなってしまうのである。**告白「しなかった」ときの後悔は一生続いたりするが、行動することによって感じる後悔は、そんなに長続きしないのである。

裏づけはほかにもある。

コーネル大学のトーマス・ギロビッチは、人生を振り返ってもっとも後悔することを研究したことがあるのだが、回答の75％が、「しなかった」後悔に分類されるものだったという。大事な局面で行動しなかったことなどを、人は悔やむのだ。

何かを「した」後悔のほうはというと、わずか25％。**何かをやってみることでも、後悔**

することはあるのだが、それは「しなかった」後悔より小さい。

「ああ、どうしよう。やったほうがいいのかな、それともやめておいたほうがいいのかな……」

そんな感じで悩んでいるのなら、とにかくやってみる、を選ぼう。

とくに若いうちには、なんでもやってみるといい。もし失敗したとしても、若いうちの失敗などは、そのうちに笑い話になる。とにかく行動して、それで失敗しても諦めがつこうというものだ。

結婚するかどうかで悩んだら、とにかく結婚してみればいい。もし結婚生活がうまくいかなかったとしても、離婚する夫婦はいまどき珍しくもないのだし、自分の評判が悪くなるようなこともない。

HACK 02

いつだってリカバリー可能と考える。

私たちは、機会が失われ、将来的にもそれを変えることができないと思うと、強く後悔してしまうことがわかっている。

逆にいうと、**「まだまだやり直せる」「いつだってリカバリー可能」と思っていれば、そんなに後悔もしない**、ということだ。

アーカンソー大学のデニス・ベイクは、オンラインで調査に協力してくれる人を募集し、40歳から73歳までの人に、「人生で後悔していること」を教えてもらった。多くの人は、学歴や仕事に関して後悔することが多いことがわかったのであるが、**「私は、やり直せる」と思っている人ほど、そんなに強く後悔しないこともわかったのである。**

何か行動を起こすときには、「どうせ失敗したって、大丈夫」と考えればいい。

1度の失敗で命までとられてしまうわけでもないのだし、挽回《ばんかい》することは難しくないと考えればいい。そう考えれば、行動することが少しも怖くなくなる。

「絶対に失敗は許されない」

「2度目のチャンスはない」

そう思うから、不安になるのだ。

たとえ失敗したところで、次があるさ、と考えれば少しも怖くはない。「2度目がない」と思い込んでしまうから、行動できなくなるのである。つまりは、自分で自分の首を絞めてしまうことが多いのだ。

受験で失敗したら、就職に失敗したら、転職に失敗したら、そこで人生が終わりになってしまうのだろうか。

いやいや、そんなことは絶対にない。中学受験に失敗したら、高校受験で頑張ればいいのだし、高校受験でもうまくいかなかったら、大学受験で頑張ればいい。大学受験でも失敗したら、就職試験のときに勝負すればいい。そんなふうに気楽にかまえておくのがポイントである。

「失敗しても次がある」と思えば、心が晴れやかになり、何も恐れることはなくなる。新しいビジネスをスタートしたいのなら、やってみればいい。ただ、いきなり大きくやろうとするのではなく、小さなサンプル商品をつくって売ってみるとか、テスト販売だけやってみるとか、サイドビジネスでやってみるとか、いろいろなやり方がある。そこでうまくいってから、大きな商売をすればいい。

「単なるテスト販売だ」と思えば、そんなに気にせずにビジネスを始めることができる。そこで失敗しても、改良するなりして、またチャレンジすればいい。一気に大勝負しようとするから行動をためらってしまうのであり、「ここで失敗したら、もうあとがない」という気持ちになってしまうのである。

ともあれ、**何をするにしても、「まだまだ次がある」という気持ちだけは忘れてはならない。**そう思えば、どんな行動をしても気楽に生きていける。

HACK 03 問題をできるだけ細かく分割する。

タリーズコーヒージャパンの創業者である松田公太《まつだこうた》さんは、自著『すべては一杯のコーヒーから』（新潮社《しんちょうしゃ》）で、1号店を出店するときのエピソードについて語っている。

松田さんは、もともと三和《さんわ》銀行（現在の三菱《みつびし》ＵＦＪ銀行）の銀行員であったのだが、米国に行ったときに飲んだタリーズのおいしさに驚いて、起業を決意したのだ。

そのまま銀行員を続ければ、それなりに安定した人生を歩むこともできたであろう。しかし、松田さんはタリーズコーヒーを日本にも広めたいと決意した。けれども、1号店を銀座《ぎんざ》の一等地に出店するためには、７０００万円もの借金をしなければならない。

７０００万円である。当然、松田さんは迷った。

そこで松田さんは、７０００万円を分割してみることにした。

時給８５０円のコンビニのバイトを1日15時間、週休1日でやれば、月収は33万から34万円。それに妻の収入を少し分けてもらえれば月に40万は返済できそうだ。

そう考えると、「なんだ、そんなもんか」と松田さんは安心して借金をすることができたのだという。

大きな問題にぶつかったときには、その問題をできるだけ小さく分解してみると、「なんだ、こんなもんか」という気持ちになることができる。

大きな問題は、頭の中で、できるだけ粉々に小さくすることがポイントだ。粉々にしてしまえば、最初は大きく見えた問題が、ひとつひとつは簡単にこなせる朝飯前の問題だと考えることができるだろう。

スタンフォード大学のアルバート・バンデューラは、7歳から10歳の子どもたちを集めて、半分の子どもには、「258ページの算数の問題集を全部終わらせてほしい」とお願いした。しかし、258ページもある問題集である。最後まで終わらせることができたのは、55％にすぎなかった。

バンデューラは、残りの半分の子どもには、問題を小さく分割して与えることにした。すなわち、**「毎日6ページずつやってみよう」**とお願いしたのである。毎日6ページずつこなしていけば、1カ月半で258ページの問題集もそっくり終わらせることができる。

このようにお願いした子どもでは、74％の子どもが全部終わらせることができたとバンデユーラは報告している。

大きな問題でも、小さく分割してしまえば、まったく恐れることはない。何しろ、目の前にあるのは、小さな問題にすぎないのだから。

小さな問題をひとつずつこなしていけば、最終的には大きな問題もこなせることになる。大きな問題を突きつけられると、たいていの人は「こんなの無理」とすぐに諦めモードになってしまうが、そんなときこそメンタル・ハックの出番である。頭の中で、小さく分けてしまえば、ちっとも大きな問題ではない、と思うことができるだろう。

HACK 04

日常生活をパターン化する。

私たちの生活には、ものすごく多くの選択があふれている。

朝起きれば、どんな洋服を着るかどうかを考えなければならないし、朝食に何を食べなければならないかも考えなければならない。お昼もそうだ。仕事が終わって帰宅してからも、どんなテレビ番組を見ようかと考えなければならなかったりする。

こういう細かい選択は、ひとつひとつを見ればたいしたことがないように思われるが、積もり積もれば大きなストレスとなる。

スワースモア大学のバリー・シュワルツによると、現代人はさまざまな選択ができ、それだけを見れば幸せだと思われるかもしれないが、現実には不幸になっているという。

シュワルツによると、数多くのテレビチャンネルから、自分の好きな番組を見つけようとして、ザッピングするような人ほど、不満が高くなるそうだ。

また、たくさんの洋服を持っていて、どの洋服を着るかを考える人ほど、やはり人生の不満度は高まるという。

昔の人は、何をするにしても、選択肢がなかった。

職業も、だいたいは親のあとを継ぐものであったし、結婚相手も親が決めるか、せいぜい隣近所の人から選ぶだけであった。食事などは毎回、ご飯とみそ汁と漬物くらいで、考えることもなかった。

ところが、現代人は違う。それこそ、おびただしい選択をしなければならず、そのたびにいちいちストレスを感じなければならなくなったのだ。

では、どうすればストレスを感じずにすむのかというと、**簡単なことで日常生活をできるだけ定型化してしまうのだ。**

たとえば、朝食は必ずフルグラやシリアルにするとか、テレビは決まったニュース番組だけを見るとか、やることとを定型化してしまうのである。そうすれば、何も考えずに行動することができる。いちいち思い悩むこともない。

洋服などは、そもそも5着だけ買っておけばいい。それを月曜から金曜まで着ることにすれば、洋服選びで悩まなくてすむ。月曜はこれ、火曜はこれ、という具合に決めておけば、自動的に洋服が決まるからである。

つまらないことで悩みたくないのなら、自分の生活を、できるだけ定型化してしまうことだ。

「毎日、決まったことをするのではつまらない」と思うかもしれないが、違うことをやろうとするから疲れてしまうのであって、**毎日、同じことをくり返したほうが、私たちの心は穏やかになるものなのである。**

HACK 05

やりたくないことほど習慣化する。

どんなに大変なことでも、いったん習慣化してしまえば、へっちゃらになる。

たとえば、読者のみなさんは、「外に出て、30キロ走ってきてくれ」と言われたら、ものすごくいやな気持ちになるであろう。絶対にやりたくないと思うであろう。

ところが、シドニー・オリンピックの金メダリストの高橋尚子《たかはしなおこ》さんは、現役のときには毎日30キロ走っていた。高橋選手にとっては、30キロ走ることが習慣になっていたので、まったく苦にならなかった。

食事をしたら歯磨きをする習慣がある人にとっては、歯磨きをすることはまったく面倒くさいとは感じないはずだ。なにしろ、自分にとってはそれが当たり前になってしまっているからである。

毎日5時間勉強している人にとっては、5時間の勉強は、たいしたことではない。いったん習慣化してしまえば、大変そうに見えることでも、本人にとっては、たいしたことではなくなるのだ。

やりたくないことほど、できるだけ早く習慣化してしまうといい。

人づきあいが苦手という人は、とにかくだれに会っても自分から声をかけて挨拶することを習慣づけてしまうのだ。いったんそういう習慣ができあがれば、あとはもう自動的に、無自覚的に、声をかけられるようになる。

自分から挨拶することが習慣になってしまえば、人に会うたび、いちいち「挨拶したほうがいいのかな、挨拶しなくてもいいのかな」と考えずにすむ。たいして知らない人でも、「おはようございま〜す」と挨拶できるようになる。相手から挨拶が返ってこないこともあるかもしれないが、それでもたいして気にならなくなる。

習慣化するときのコツは、**とにかく最初の2週間から3週間は、絶対に休みなく、一貫してやり続けることだ。**やったり、やらなかったり、ということでは習慣化できない。

英国ロンドン大学のフィリッパ・ラリーは、ランチのときに果物も一緒に食べるとか、朝起きたら1杯の水を飲む、といった新しい習慣を形成させる実験を行っているのだが、95％の確率でその行動ができるようになるまでには、18日から254日という幅があった。

早い人なら、2週間から3週間ほどで習慣が形成されるのだが、ラリーが調べたところ、そういう人は、**新しい習慣が形成されるまでは、一貫して休みなくやっている人であった。**ジョギングをするとか、読書の習慣をつけるとか、なんでもいいのであるが、何かに取り組むときには、最初の2週間から3週間が勝負である。このときには、絶対に自分を甘やかしてはいけない。サボったりすると、なかなか習慣化できず、かえって面倒くさいことになってしまうからである。

いったん習慣化してしまえば、あとはもうこっちのものである。**どんなに大変なことでも、ほとんど自動的にこなせるようになる**ので、こんなにありがたいことはない。

HACK 06

いったん決めたら、ほかに目を向けない。

何かを決めたら、ほかにもっといい方法があったのではないかとか、ほかにもっと別の可能性があったなどとは考えないことである。そうしないと、いつまでも悶々とした気持ちになるからだ。

自動車を購入しようというとき、車種を決めるまでには、あれこれと見比べるのはいいだろう。いろいろな情報サイトを見たり、いろいろなディーラーに出かけたりするのは、決して悪くはない。

しかし、**いったん決めたら、もう何も見ないことである。**

購入を決めたというのに、自動車雑誌を見たりしていると、自分の選択が正しかったのかと、不安になってしまうからだ。

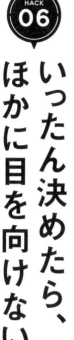

ベルモント大学のパトリシア・マーフィーは、ニューズウィーク、ライフなどのニュース雑誌と、ヴォーグ、グラマーなどの娯楽雑誌を見せて、どれがいちばん魅力のある雑誌かを判断させるという実験をしたことがある。

すると、たいていの人は、「これがいちばんだ！」と決定したあとになって、「いや、やっぱりほかのほうが……」と考えてしまうことが判明した。なぜか、選ばなかった選択肢のほうが魅力的に思えてきてしまうのだ。

このような心理現象を、**「決定後の後悔現象」**と呼ぶ。

私たちは、何かをひとつ選び出すと、とたんにほかのものが気になり始めるのである。

決定後の後悔を避けたいのなら、もう目移りするのをやめてしまうことだ。

「この人と結婚しよう！」と決めたのなら、「もう少し待てば、もっといい人が現れるんじゃないか」などと考えてはいけない。そんなことをしていると、幸せな結婚ができなくなってしまうからである。

いったん就職したら、自分にはもっと別の才能があるのではないかとか、もっと自分の適性を生かせる会社があるのではないか、と考えてはいけない。そんなことを考えていると、いまの仕事に中途半端な力しか出せなくなる。

とにかくいったん何かを決めたら、もう目移りしないことである。転職サイトの情報などを見ていると、「ほかに移ろうかなあ」などと思ってしまうから、最初からそういう情報を意識的に避けたほうがいいだろう。

世の中には、いろいろな情報があふれているが、**自分を幸せにしてくれないような情報には、なるべく接しないほうがいい。**余計な情報を目にしたりすると、いまの自分に満足できなくなることのほうが多いので、あまり情報を調べようとしないことである。

HACK 07

後悔をモチベーションにする。

人生には、失敗がつきものだ。どんな業界でも、どんな業種の仕事でも、すべてが順風満帆にいくことのほうが、むしろ少ないものである。失敗するのは当たり前であるし、後悔するのも当たり前である。

「もっと、違うやり方をしていれば」

「もっと、気をつけてやっていれば」

私たちは、失敗するとものすごく落ち込む。

しかし、そういう後悔にも、実のところ、メリットはある。**悔しい思いをしたのなら、それを自己成長へのモチベーションに変えてしまえばいいのだ。**悔しくてたまらないのなら、「二度と同じ間違いはしないようにしよう！」と考えればいい。悔しい思いをしなくてすむように、自分の行動を改めればいい。

考えてみれば、私たちは、失敗したときくらいしか反省しないのである。うまくいっているときには、絶対に反省などしない。なぜなら、する必要がないからである。ということは、失敗するということは、自分の言動を振り返って、それを改めるチャンスでもあるわけである。

後悔することがあったときには、それをうまくモチベーションにつなげることを考えよう。そうすれば、後悔することにも意味があることになる。

ノートルダム大学のスザンナ・ナスコは、293名の学生が1カ月の期間を空けて2回の試験を受けたとき、1回目の試験のあとで大失敗し、「もっと勉強しておけばよかった」と後悔している学生ほど、2回目の試験で高得点を挙げることを明らかにしている。

1回目の試験で失敗した学生は、当然、悔しい思いをするわけだが、悔しい思いをしたからこそ、2回目の試験では好成績を収めることができたともいえるのだ。

逆に、1回目の試験で、そこそこの成績だった学生は、「こんなものでいいか」と安心してしまう。そのため、たいして勉強もせず、2回目の試験もそこそこの成績しかとれない。それならば、**いっそのこと1回目の試験で大失敗したほうが得るものが大きいとさえ考えることもできるだろう。**

大切な商談で大失敗をしてしまったとか、クライアントの前でのプレゼンがうまくいかなかったときは、考えようによってはチャンスである。恥ずかしい思いをすれば、人はそれをモチベーションに変えて自分の行動を変えるきっかけにすることができるからである。

後悔するときには、「自分ダメだ」とか「私は無能な人間だ」などと、自分をいじめるような後悔をするのではなく、**「もっとこうすればよかった」という前向きな方向で後悔しよう。**前向きな後悔は、モチベーションを生み出す。どうせ後悔するのなら、そういう後悔のほうがいい。

HACK 08

いやな気分を書き出して封筒に入れる。

否定的な感情は、どんどん紙に書き出そう。

不安、焦燥、怒り、嫉妬、といった否定的な感情が心に湧き起こったら、それを全部紙に書き出してみるのだ。

紙に書き出していると、次第に心がスッキリしてくる。

さらに、ここでひとつメンタル・ハックを加えよう。

それは、**書き出した紙を、きちんと封筒に入れて、糊《のり》をするのだ。**そうすると、いやな感情は見事なほどに消えてくれる。

シンガポール国立大学のシューピン・リーは、「自分の気持ちにフタをする」とか「自分の気持ちに封をする」という表現があるが、文字通り、封筒に入れさせるようにすると、いやな気分がスッキリするのではないか、という仮説を立ててみた。

この仮説を検証するため、リーは80名の大学生を集めて、否定的な感情を紙に書き出させた。

それから40名には、紙をそのまま提出させ、残りの40名には、紙を封筒に入れさせ、きちんと糊づけしてから提出させたのである。すると、封をしたグループのほうが、否定的な感情が消えたという。

否定的な感情を書き出した紙を、封筒に入れるというひと手間を加えることで、「さあ、これでいやな感情は、ここに封印できたぞ」という気持ちになれるのであろう。**否定的な感情を、具体的な行動として「封じ込める」ことで、スッキリできるのである。**

いやなことがあったときには、その感情を紙に書き出してみるといい。どうして自分がこんなにイライラしているのか、どうしてこんなに悶々としているのか、ということを書き連ねていると、自分の気持ちを冷静に見つめ直すことができ、感情の整理ができる。ある程度の文章を書いて、それを封筒に入れれば、これでおしまいだ。

頭の中だけで、否定的な感情を処理するのは難しい。

同じようなことばかりを考えてしまうからだ。堂々巡りというやつである。

その点、紙に書き出すというやり方をすると、ある程度のところで面倒くさくなってきて、「もういいか」と切り上げやすくなる。つまり、**時間を区切って否定的な感情を処理できるのである。**たいていの人は、15分から20分ほども紙に書けば、もう心はスッキリしてくるはずだ。

手元に封筒がないときには、**書いた紙をビリビリに破って捨てるのもいいだろう。**紙をビリビリにすることで、否定的な感情も粉砕してやった、というカタルシスを得ることができるからである。

HACK 09

自分より下の人を見る。

自分の境遇や人生に不満を感じたときには、さらに自分より悪い境遇にいる人のことを考えてみるのもいいアイデアだ。もちろん、こっそり心の中だけで考えるのである。

「私もひどい状態だが、あいつに比べれば……」

「うちの会社も業績が悪化しているが、あそこに比べれば……」

「私の人生はつまらないが、それでも◯◯さんに比べたら……」

こんな感じで、自分より下の人のことを考えていると、自然に顔がほころんできて、「自分は、そんなにも悪くない」という喜びを噛《か》みしめることができるであろう。

俗に、「他人の不幸は蜜の味」という言葉があるが、不幸な人を見ていると、私たちはうれしい気持ちになるのである。

「なんだかひどいやり方だな」と思われるかもしれないが、それによって自分が幸せな気持ちになれるのであるから、ぜひとも試していただきたい。

カナダにあるサニーブルック・ヘルス・サイエンス・センターのイザベル・バウアーは、18歳から35歳までの56名と、60歳以上の48名に、どれくらい「自分より下の人と比べる」傾向があるのかを調べる一方で、その人がどれくらい幸せなのかも測定してみた。

その結果、**若い人でも、年配者でも、自分より下の人と比べる人ほど、幸せな気持ちを感じやすいことがわかったのである。**

他人を蔑むことは、倫理的にはやってはいけないことなのかもしれないが、それによって自分が幸せになれるのであるから、こっそりやらせてもらうことにしよう。

絶対にやってはいけないのが、「自分より上の人と自分を比べること」。

「あいつはたくさん給料をもらっているのに、俺なんて……」

「あの人はステキな旦那さんを見つけたのに、私は……」

このように自分より上の人と比べると、余計に落ち込んでしまうので注意が必要だ。

「友がみな、われよりえらく見ゆる日よ」という短歌をつくったのは石川啄木《いしかわたくぼく》である。友だちと自分を比べて、つまらない自分を嘆いた歌を石川啄木は残しているのだが、では、いったいだれと比べているというのだろう。

実は、石川啄木が比べている「友」というのは、国語学者の金田一京助《きんだいちきょうすけ》や、作家の野《の》村胡堂《むらこどう》だったといわれている。つまり、東京大学の教授になった人や、大手新聞社の花形記者になったような人と自分を比べているのである。そんなことをしているから、自分がつまらない存在だと思ってしまったのであろう。

たとえ年収が１５０万円だったとしても、それなら年収が50万円の人と比べてみればいい。 そうすれば、「自分だって悪くない」という気持ちになれるはずだ。もっと厳しい生活の人だって、「世界には1ドル以下で生活している人がごまんといる」と考えれば、それなりに満足ができるはずだ。

HACK 10

輪ゴムを引っ張って、パチンと手首を打つ。

考えたくもないのに、なぜか否定的な思考ばかりが頭に浮かんでしまうのなら、それを解決する、とっておきのメンタル・ハックをお教えしよう。

用意するものは、輪ゴムひとつ。それを手首につけて、準備は完了だ。あとは、**考えたくないことが頭に浮かぶたびに、輪ゴムを引っ張って、パチンと手首を打つだけ。**これだけである。

「そんなやり方で、本当に効果があるのかな？」

多くの読者はそう思われることであろう。

しかし、このやり方は、「ゴムバンド法」と呼ばれている、れっきとしたカウンセリングの手法のひとつなのだ。

おかしなクセがある人や、おかしな思考習慣がある人は、輪ゴムひとつでそれを改善することができるのである。騙《だま》されたと思って、ぜひ一度試してみるのはどうだろうか。絶対に効果があることを保証しよう。

米国ペンシルベニア州にあるペンデル精神センターのマックス・マステロンは、このゴムバンド法を使って、いろいろな悩みを抱えた人の治療に成功している。

マステロンは、2年半も抜毛症《ばつもうしょう》に悩む女の子に、ゴムバンド法を試してみた。この女の子は、友だちと電話でおしゃべりをしているときや、テレビを見ているときに、指を髪の毛にからませて引き抜いてしまうという悪いクセがあった。

そこで、**このクセが出そうになったら、手首につけたゴムバンドをパチンと鳴らして、「はい、ダメ！」と言わせてみたのである。**するとゴムバンド法を試してから、わずか1カ月で抜毛症がゼロになり、9カ月後もゼロのままで、ゴムバンドをとっても元に戻らなかったというのである。

また、マステロンは、性的な空想ばかりしてしまう27歳の男性に、性的な空想が頭に浮かびそうになるたび、輪ゴムをパチンと鳴らさせることで、やはり症状を治すことができたという報告を行っている。

否定的な思考が堂々巡りしてしまうとか、考えすぎて不眠症になってしまうという人は、**輪ゴムを手首につけて、頭に思考が浮かぶたびに、パチンと鳴らしてみてほしい。**最初はわずらわしいと思うかもしれないが、それによって否定的な思考に苦しまなくなるのであれば、こんなにいいことはないであろう。

HACK 11

いまの悩みは、年をとれば消えると考える。

若いうちには、小さなことでさえ気になってしかたがない。つまらないことに心を悩ませてしまうのも、まだ若いからだ。

若い人は、とにかくたくさんの悩みを抱えていて、「私は、一生ずっと悩み続けるのだろうか」と悲観的になってしまうかもしれない。

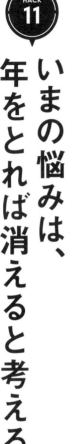

けれども、安心してほしい。

つまらないことに悩むのは、若いうちだけである。そのうち、悩むことも面倒くさくなってきて、そんなに悩まなくなる。

若い人は、たとえば友だちからのメールやＬＩＮＥの返信が遅かったりすると、それだけでいろいろと悩んだりもする。「ひょっとすると失礼なことでも言っちゃったのかな？」などと。

しかし、40代、50代になってくると、そういう小さなことはまったく気にならなくなってくる。社内での自分の評判なども、どうでもいいと感じてくる。心がおおらかになってきて、くよくよと思い悩むことも少なくなる。

デンバー大学のアマンダ・シャルクロスは、21歳から73歳までの、さまざまな年齢の成人が、日常的にどれくらい否定的な感情に悩まされるのかを調べてみた。

すると、**年齢が上がるにつれて、そういう悩みが減っていくという、はっきりした傾向を見つけ出すことができたのである。**

読者のみなさんは、ひょっとすると現在いろいろなことに悩んでいるかもしれないが、「年をとってくれば、そんなこともなくなるだろう」と気楽に思ってほしい。単純に年齢を重ねていけば、悩みも減っていくのだから。

私は若いころには、つまらないことに腹を立てることが多かったが、シャルクロスによると、**こういう怒りの感情も、年齢とともに減っていくらしい。**

私の場合、食事をするとき、注文をとりに来る店員が遅かったりするだけで、いちいち店員を怒鳴ったりしていたが、年を重ねるごとに、いちいち怒るのが面倒くさくなってきたので、ここ何年もまったく怒らなくなった。

仕事がらみのメールの返信が遅い人にもイライラしていたが、最近はそういうこともない。「まあ、いいや」と気軽に受け入れることができている。

ゲーテの小説に『若きウェルテルの悩み』というものがあるが、若いうちには、つまらないことで悩み、悲観し、自殺まで考えてしまうものである。「なんで、そんなことに!?」と驚いてしまうほど、若い人はつまらないことで悩む。

とはいえ、一生悩み続けなければならないのかというと、そんなことは決してないわけで、だれでも年をとってくればそんなに気にならなくなるのである。

HACK 12

財布にたくさんお金を入れておく。

ヤクザは、財布に現金をたっぷり入れて持ち歩いている、という話を聞いたことがある。ムダなお金を使うためではない。「私はたくさんお金を持っている」というだけで、自分が大物になったように感じて、心理的に委縮しないですむからだ。

ヤクザの世界は、ナメられたらおしまいである。いつでも自信たっぷりで、余裕があるように見せなければいけない。だからこそ、ヤクザはたっぷり現金を持ち歩いて、心理的に自分を強めているのである。

このやり方は、私たちにも参考になる。

お金をたっぷり持っているというだけで、人は心が落ち着いてきて、小さなことに物怖《ものお》じしなくなるのだ。

お金があるというのは、まことに心強いものである。財布に1000円しか入っていなければ、堂々とした態度をとるのも難しい。自分がつまらない人間であるように感じて、卑屈になってしまう。その点、たっぷり現金を持ち歩いているだけで、胸を張って、肩で風を切って歩けるようになる。

リチャード・ストックトン大学のマルセロ・スピネラは、収入と気分の関係を調べる研究を行っているのだが、**高収入の人ほど混乱することが少なく、抑うつになりにくく、緊張することも少ないそうである。**

お金持ちは、精神的に安定していられるといえるだろう。

同じような調査は、クウェート大学のアーメッド・アブデルカレックも行っている。両親がアッパーミドルからアッパークラス（上流階級）の子どもは、ローワーからローワーミドル（下流階級）の子どもに比べて、不安や心配を感じることが少ないのだ。親が金持ちというだけで、子どもも悩みが少なくなるのである。

実際にお金持ちになるのは難しいが、ある程度のお金を持ち歩くことなら、私たちにだってできる。

「いったい、いくらくらいのお金を持ち歩けばいいのでしょうか？」と思う人がいるかもしれないが、決まった金額というものはない。人によってその額は違ってくると思う。

「こんなにお金を持っているなんて、自分は裕福だな」と感じられるくらいのお金であれ

ば、いくらでもいい。人によっては5万円を持っているだけで自信が出てくるかもしれないし、5万円では少なすぎて、10万円を持ち歩かないと自信が出ない、という人もいるであろう。

もちろん、お金は自信をつけて、堂々としているために持ち歩くのであって、散財するためではないので注意しよう。「財布にお金を入れておくと、すぐに使ってしまう」という人には、このテクニックはおすすめできない。財布にたっぷりのお金があっても、使わずに我慢できる人だけが、このテクニックを利用するといいだろう。

HACK 13

あまり多くを望まない。

人生に不満を感じる人には、共通して見られる特徴がある。

それは、多くのことを望みすぎる、ということだ。

大きな家に住みたいとか、もっと高い給料が欲しいとか、美人の奥さんをもらいたいとか、いろいろと大きな希望を持つからこそ、現実とのギャップを感じて、不満が高まってしまうのである。

スイスにあるチューリッヒ大学のシュワント・ヘインズによると、**多くを望まない人のほうが、幸せな人生を送ることができるそうである。**大きな期待を持っていると、現実とのギャップが大きくなり、それが不満を生み出すもとになってしまう、というのだ。

ヘインズがドイツ人13万人のパネル調査の結果を分析したところ、人生の満足度は、年配者のほうが若い人や中高年よりはるかに高かった。

なぜ、年配者のほうが人生の満足度が高いのかというと、年配者は、そもそも大きなものを望まないのだ。いろんなものが欲しくて、大きな期待を抱くのは、若い人や中高年である。たいして多くを望まないのだから、年配者は現実のギャップに苦しむことがない。大きな理想とか、大きな夢を持とうとすると、かえって苦しい思いをする。

分相応というか、身の丈に合った夢を持っていたほうが、私たちは幸せでいられるということを覚えておこう。

ロチェスター大学のティム・カッサーは、「アメリカン・ドリームは幻想であって、そんなものは持たないほうがいい」という報告をしている。

カッサーは、「金銭的成功」「外見がよくなりたい」「社会的に認められたい」といった32の夢について調べているのだが、たくさんの夢を持っている人ほど、悩みが増えたり、片頭痛に悩まされたり、風邪を引きやすくなってしまったりする（免疫が落ちるため）、と結論している。

多くを望んでいると、かえって不幸になってしまう。

そんな人生を歩みたくないのなら、そもそも大きな夢など持たないほうがいいといえる。

昔の人は、**「立って半畳寝て一畳」**という、ありがたい戒めを私たちに残している。生活をするだけなら、一畳分の広さがあれば十分であり、使わない部屋がいくつもあるような大きな家を持っていても、まったく意味がないのだから、そういうものを望むのは愚か者だ、という教えである。

「あれも欲しい、これも欲しい」と感じやすい人ほど、要注意である。そういう人は、余計な悩みを抱え込むばかりで、幸せになれなくなってしまう。

HACK 14

1日10回、自分をほめる。

世の中には、不安を感じることもなく、抑うつになったりすることもなく、他人に対してそんなに腹を立てないような、羨ましい人がいる。

ハワイ大学のエレイン・ハイビーによると、そういう人に共通しているのが、**「自分をほめてあげる能力」**であるという。

他人からほめてもらえなくとも、自分で自分をほめてしまうような人は、不安、抑うつ、敵意などが少なくなる傾向があるのだ。

仕事で失敗しても、自分で自分をほめる能力がある人は、そんなに落ち込むことがない。「まあ、いいか」とケロリと忘れてしまう。

そういう羨ましい性格になりたいのなら、読者のみなさんも、自分で自分をほめる能力を身につけるといいだろう。

そのためには、**毎日、鏡に向かって、とにかくたくさん自分をほめてあげることである。**

最初は照れ臭いと感じるかもしれないが、練習していれば、そのうち慣れてくる。それにまた、自分のことを誇らしいと感じられるようになるのは、まことに気持ちのいいことである。

最低でも、1日に10回は、自分のことをほめてあげよう。

「あなたは、落ち着いた目をしていてステキ！」

「あなたは、だれに対しても親切なところがステキ！」

「あなたは、いつでも清潔にしていてステキ！」

鏡の中の自分に向かって、そういうほめ言葉をどんどん言ってあげよう。

だいたい、つまらないことで悩むことが多い人は、自己嫌悪感が強いのである。自分のことをいじめるようなことばかり思考する。だから、どんどん落ち込んでいく。

悩みを少なくしたいのであれば、まずは自己嫌悪感をなるべく改善するしかない。そのためには、とにかく自分のことをほめまくってあげることである。

たとえ、お腹《なか》がぽっこり出ていても、自己嫌悪してはならない。「ふくよかなお腹で、まるでどこかの王さまのようではないか」と自分をほめてあげたほうがいい。少しくらい顔が整っていなくとも、「よく見ると、とても愛らしい顔をしているではないか」とよく解釈してあげたほうがいい。そのほうが自分も幸せであるし、つまらないことでうじうじと悩まなくなる。

本当は、他人にほめてもらえるのがいちばんいいのであるが、なかなかそう都合よくほめてくれる人が見つかるわけでもない。

その点、自分で自分をほめることは、やろうと思えばいますぐにでも実行できるという便利さもある。他人にほめてもらえるのをいつまでも待つよりは、自分で自分をほめてしまったほうが手っ取り早い方法である。

HACK 15

ナルシストになる。

自己嫌悪感が強いうちには、なかなか人は幸せになれない。

したがって、ある程度はナルシストであったほうがいい。

ナルシストというと、鼻持ちならない人間を想像する人がいるかもしれないが、**「心の健康」という観点からすると、ナルシストであることはまことにいいことなのだ。**

英国サウサンプトン大学のコンスタンティン・セディキデスは、「ナルシストは心理的な健康度が高い」という論文を発表している。

セディキデスによると、自分を好きになること（ナルシシズム）には、次のようなメリットがあるという。

◎日々の悲しみや抑うつを減らしてくれる
◎日々の孤独感を減らしてくれる

◎日々の不安を減らしてくれる
◎日々の神経質傾向を減らしてくれる
◎日々の主観的健康度を高めてくれる

「主観的健康度」というところがわかりにくいと思うのだが、「自分はハッピーだ」とか、「自分は満足のいく人生を歩むことができる」と感じやすくなるという意味である。

ナルシストであることには、こういうメリットもあるのである。

先ほど、「1日10回は自分をほめなさい」というアドバイスをしたが、それは自分を好きになるためである。自分を好きになると、つまらないことに悩まなくなるのだ。**自分のことが好きになりすぎて、周囲の人たちから「あの人は、ナルシストだよね」と呼ばれるようになるのなら、たいしたものである。**

モデルをやっているような美人でも、「私は、そんなにかわいくない」と自己嫌悪感の強い人は、客観的にどれほど美しくとも、やはりネガティブな思考に悩まされてしまう。そんなに顔立ちがよくなくとも、そんな自分を受け入れ、自分を好きな人が、幸せに生きていけるのとは好対照である。

もちろん、他人に対しては、あまりナルシストであることを見せないほうがいい。むしろ、ナルシストであることは謙虚に隠しておいたほうがいい。**たとえ自分には才能があると思っていても、「いやあ、私はまだまだ半人前です」と人前では言っておくのである。**そうすれば、決して人に嫌われることはない。

けれども、心の中では自分のことを好きでいなければならない。自分を悪く言わないこと。それが心の健康度を高めるのだということは、十分に認識しておかなければならない。

HACK 16

暗い人からは、できるだけ距離をとる。

人の感情や気分といったものは、人から人へと感染する傾向がある。

これを「感染効果」と呼ぶ。

明るくて、快活で、愛想《あいそ》のいい人と一緒にいると、自分もウキウキした気分になれるのに対して、悲観的で、愚痴の多い人と一緒にいたりすると、自分も愚痴っぽい人間になってしまうので、注意が必要だ。

「なんだか、こいつと一緒にいると、こちらの気分まで滅入《めい》ってきてしまいそうだ」という人からは、なるべく距離をとったほうがいい。挨拶をしたり、事務的な報告をしたりするくらいならいいが、それ以外は、できるだけ接点を持たないようにするのである。暗い人間と一緒にいると、こちらまで暗い人間になってしまう。

近寄っていくのなら、太陽のように明るい人がいい。

そういう人には、こちらからどんどん声をかけ、親しくつきあってもらうようにしよう。そうすれば、みなさんも性格が明るくなり、心も晴れやかになることは間違いない。

感染効果が怖いのは、自分でも知らないうちに、一緒にいる人の影響を受けてしまうことだ。

テキサス大学のトーマス・ジョイナーは、大学の学生寮で同室のルームメイト同士の性格を5週間にわたって調べたことがあるのだが、片方が抑うつ的だと、5週間後には、そのルームメイトまで抑うつ的になってしまうことを突き止めている。感染効果が起きてしまうのだ。

もし、読者のみなさんが、悲観的で、落ち込みやすいことに悩んでいるのだとしたら、まずは自分がどんな人と親しくつきあっているのかを考えてみるといい。

頻繁に連絡を取り合っている相手は、どんな人なのだろうか。

ひょっとすると、愚痴や文句ばかり言っているような人とつきあっているのではないだろうか。

だとしたら、そういう人とのつきあいは少しずつ減らして、代わりに、**底抜けに明るい**

人と連絡を取り合うようにしたほうがいいだろう。そうすれば、その明るさを自分も分けてもらえるからである。

職場に雰囲気の暗い人がいて、どうしてもその人とつきあわなければならないのだとしたら、どうすればいいのか。距離をとりたくとも、物理的に難しいというケースも現実にはよくある。

そんなときには、大変ではあるけれども、自分が底抜けに明るい人間になるしかない。**演技でもいいから、ニコニコと愛想を見せて、元気な声で話すのである。**そうすれば、こちらの明るさが、相手に感染してくれるかもしれない。相手の陰気さに負けないくらいにこちらが明るく振る舞えば、そのうち、相手も少しずつ明るく振る舞ってくれるようになることも期待できなくはないからである。

HACK 17

できることは、なんでも自分でやる。

自分でできることは、他人に頼らず、なんでも自分でやってしまったほうがいい。他人にまかせたほうが、自分はラクができると思うかもしれないが、すべてを他人まかせにすればするほど、活力が失われていくからである。

動物園で飼育されている動物たちは、自分ではエサをとることはしない。飼育員がエサを持ってきてくれるからである。しかし、自分で動いてエサをとらないためか、どうにも元気がない。動物は、動いていないと力が出なくなるのだ。

人間もそうで、**他人に頼っていると、生きるための気力が失われていく。**

イエール大学のジュディス・ロディンは、ある老人介護施設にお願いして、実験をさせてもらったことがある。

それまで、その施設では、スタッフの人たちがなんでもやってあげていた。しかし、ロディンは、入居者の老人たちにできることはなんでも自分でやらせるようにしたのである。

自分で身づくろいができる人には、自分で洋服を着てもらい、身体《からだ》が動かせる人は、施設内の植物の水やりなどもお願いしたのである。それまで、そういう仕事はすべてスタッフがやっていたのだった。

すると、不思議なことが起きた。それまで、入居者のお年寄りたちは元気がなかったのだが、目に見えて元気になっていったのである。お互いに部屋から外に出ることが多くなり、会話も増え、笑顔も増えた。そして、何より施設で亡くなる人も減ったのである。

私たちは、自分でできることは、他人に頼らずに、なんでも自分でやってしまったほうが元気になれるのだ。

仕事でもそうであろう。

何かというと、すぐ他人をアテにする人は、やる気も出てこない。

「なんでも自分でやってやる！」という気持ちで仕事に取り組んだほうが、仕事も面白くなり、活力も湧いてくる。他人をアテにしないことは、自己成長にも役立つ。

掃除や家事なども、どんどん自分でやってしまおう。そのほうが、身体もイキイキしてくるはずだ。奥さんや旦那さんにまかせるのではなく、自分でできることは、なんでもやってしまったほうがいい。

どうしても自分ではできないというのであれば、他人の力を借りるのもしかたがない。しかし、自分でできることまで、他人にやらせてはいけない。**自分で動くからこそ、心も身体も活性化してきて、毎日を楽しく暮らすことができるのだ。**

小さな子どもなら、口を開けていれば親が食べ物を運んでくれることもあるだろうが、いい年をした大人なら、なんでも自分でやらなければならない。

HACK 18

運動をする。

最近、新型コロナウイルスの流行のため、外出を控える人が多くなった。テレワークをする人も増え、会社にも行かない人も増えている。

しかし、ずっと自宅にこもったままというのは、あまり好ましくない。なぜなら、身体を動かさないと、どんどんネガティブな気持ちになってしまうからだ。

人間も、動物の仲間である。動物というのは「動く生きもの」と書く。人間を含めて、動物はすべて動いていないと、心も身体もおかしくなってきてしまうのだ。檻《おり》に入れられっぱなしの動物が、元気をなくしてしまうのもそのためである。

テレワークをするのはいいのであるが、**せめて1日に20分から30分くらいは、必ず身体を動かすようにしたい。**そうすると、心も晴れやかになり、悶々とした気分を吹き飛ばすことができるだろう。

スペインにあるサント・トーマス大学のパブロ・デ・ラ・セルダは、抑うつに悩む女性を80名集めて、40名には普通の抗うつ剤を与え、残りの40名には抗うつ剤を処方するだけでなく、週に3回のエアロビクスをしてもらった。エアロビクスでたっぷり身体を動かしてもらったのである。

抗うつ剤だけを処方されたグループでは、36・5%が抑うつの症状を抑えることができた。抑うつが「弱い」、または「なし」になったのである。

ところが、**エアロビクスを追加したグループでは、なんと58・5%もの女性が抑うつは「弱い」、または「なし」になった。**抗うつ剤だけを飲むより、そこに運動を加えたほうが、効果はずっと高くなったのである。

現代社会では、抑うつに悩む人が多くなってきているが、それは社会が便利になるにつれて、身体を動かすことがどんどん減ってきているからである。

テクノロジーのおかげで、身体を動かすことが減ったという事実は、一見するとありがたいことだと思われるかもしれない、けれども、同時に、人間のやる気を奪うことにもつながるのである。

運動をしていれば、自然と体力がつく。そして、体力がついてくると、心のほうも強くなっていく。心と身体は密接につながっているので、身体を鍛えると、心も強くなっていくものなのだ。

「最近、お腹回りに肉がついてきたな……」

「階段を上っていると、息が切れるな……」

そういう自覚症状があるのなら、ぜひ運動をしてほしい。スポーツジムに通うのもいいが、それにはお金がかかるので、自宅周辺を軽くウォーキングするだけでもいいと思う。

1日に30分くらい身体を動かすだけで、否定的なことを考えたり、抑うつになったりすることはずいぶんと減るはずだ。

すごい
メンタル・ハック
16

Chapter
2

不安が一気に消滅する！

HACK 19

現実は思うほど悪くないと考える。

不安感が高い人には、自己評価がものすごく低い、という傾向がある。たとえば、なんらかの仕事をやらせると、本当はそんなに悪くもないのに、自分の仕事の出来栄えがものすごく悪い、と思い込むのである。

カナダにあるブリティッシュ・コロンビア大学のリン・アルデンは、引っ込み思案で、自己主張ができない人を集め、自己主張の強い人になりきって演技をさせるという実験をしたことがある。その場面をビデオに録画し、多くの人に判定してもらった。

まず、自己主張のできない人に、自分の演技について自己評価してもらうと、ものすごく悪く評価をした。

「私の声は震えていた」

「私の手も震えていた」

などと、悪い評価をしたのである。

ところが、ビデオを見て判定した人たちの評価は、「とても上手に話している」「スムーズな話し方をしている」「不安も感じていないように見える」というように、非常に高い評価であった。

結局、**「ダメだ」と思っているのは、本人だけだったのである。**

否定的な思い込みをして、自分はダメだと思い込んでしまうのが、不安な人の特徴でもある。

もし、みなさんがスピーチをすることになったり、プレゼンをしたりすることになったとしよう。おそらくは、スピーチやプレゼンのあとで、ものすごく落ち込むはずである。「最低のスピーチだった」と。

しかし、スピーチを聞いた人たちは、実際にはそんなに悪かったなどとは思っていないのだ。

自己評価と、他者からの評価は、大きく食い違う。**私たちは、自分に対してはものすごく厳しい評価をしがちだ。実際には、そんなこともないのに。**

私は、大学で10年くらい教鞭《きょうべん》をとっているが、何年たっても、うまく講義をすることができないと思っている。何を言っているのか、自分でもよくわからないことがあるからだ。

ところが、受講生たちからの授業評価を受けると、それなりに評価は高いのである。自分だけが悪いと思い込んでいるだけだと思って、最近はあまり気にしなくなったが。

何か気にすることがあったら、そんなふうに思うのは、自分だけではないか、と考えてみるといい。他人は、全然そんなふうに思っていないことのほうが多いからである。実際、他人のことなど、たいていの人はどうでもいいと思っていて、そんなに厳しい目で見ることはないのだ。

HACK 20

ネガティブ感情はポジティブ感情で打ち消す。

私たちは、相反する二つの感情を、同時に抱くことはできない。

喜びや興奮といったポジティブな感情と、怒りや抑うつといったネガティブな感情を、同時に味わうことはできないのである。

ということは、つまり、かりに不安があるときにも、それと相反するポジティブな感情をぶつけてやれば、不安のほうを消すことができるはずである。これを心理学では「打ち消し効果」と呼んでいる。

ミシガン大学のバーバラ・フレドリクソンは、この打ち消し効果を、実験的に確認している。

フレドリクソンは、まず95名の大学生を前にして、「これから1分間で準備をし、3分間のスピーチをしてもらう」と告げた。これは、不安や緊張を高めるための操作であった。次に、フレドリクソンは、心地よさを引き出すビデオを鑑賞させた。浜辺に波が打ち寄せる映像や、仔犬《こいぬ》が無邪気に走り回っているビデオを見せて、心地よさや楽しさを引き出してみたのだ。

すると、どうだろう、スピーチをしなければならずに高まっていた学生たちの不安や緊張が、わずか20秒ほどのビデオ鑑賞で消えてしまったのである。

不安や緊張を感じたら、楽しいこと、愉快なことでも考えてみればいい。

そうすれば、不安や緊張も簡単に打ち消すことができる。なぜなら、相反する感情を同時には抱くことができないからだ。

仕事中にストレスを感じるときがあれば、楽しいことを夢想しよう。

「夕飯には、おいしいハンバーグを食べよう」

「たまには、キャバクラに行ってみよう」

「週末には、紅葉を見にドライブに出かけてみよう」

そんなことを頭の中で夢想してニヤニヤしていれば、ストレスなど見事なほどきれいに消えてしまう。

打ち消し効果は、不安を鎮めるのに役立つだけではなく、怒りを打ち消すときにも使える。上司に小言を言われて、イラッとしたときにも、自分がハッピーになれるようなことをしばらく夢想していると、怒りもすぐに消えてくれる。

ネガティブな感情が湧き起こったときには、すぐにポジティブな感情をぶつけて、打ち消してしまうのがいい作戦だ。「私は、こんなことを夢想するとすぐに愉快になる」というネタのようなものを、あらかじめ決めておくといいだろう。

子煩悩な人であれば、笑っている子どもの画像をスマホに保存しておき、ネガティブな気分になったときには、その画像を見るのもおすすめだ。自分が楽しくなれるような画像を持っておけば、いつネガティブな気持ちになっても、すぐにリカバリーできる。そういうお守り代わりのものをいくつか準備しておこう。

HACK 21

呼吸に意識を向ける。

ネガティブなことばかりが頭に浮かんでしまうときには、自分の呼吸に意識を向けるのもいいアイデアだ。**呼吸に意識を向けていると、ネガティブなことも考えずにすむからである。**

「あっ、いま、鼻から空気がどんどん入ってくる」
「肺が、少しずつ膨らんできた」
「もっと、もっと空気を取り込んでみよう」
「ゆっくり鼻から息を吐き出してみよう」

こんな感じで呼吸に意識を向けよう。

普段は、自分の呼吸など、意識することはないかもしれないが、ネガティブな気持ちになりそうなときには、ぜひ試してみてほしい。

オランダにあるマーストリヒト大学のニコル・ゲシュウィンドは、不安や抑うつに悩む人に、呼吸に集中するトレーニングをやらせて、症状を軽減させることに成功している。

余計なことばかり頭に浮かんでしまうのなら、ほかのことに意識を向ければいい。

本当は、ポジティブなことでも考えることができるのなら、そうしたほうがいいのであるが、それが難しいという人は、呼吸に意識を向けるようにすればいいのだ。

このテクニックは、座禅でも使われている。

座禅をするとき、頭の中を空っぽにするのが理想だとはいえ、たいていの人はつまらない雑念ばかりが頭に浮かんでしまう。

とくに初心者は、頭を空っぽにするのはとても難しい。

そこで、初心者は、座禅に慣れないうちには、禅師から「呼吸に意識を向けていてください」と言われるのである。呼吸に意識を向けていれば、雑念もそんなに浮かんでこなくなるのだ。

呼吸に意識を向ける方法は、準備をするものが何もない、という点もありがたい。

特別な道具を用意しておく必要もないので、だれでもすぐに、その場でできる。電車に乗っているときなど、目を閉じて、自分の呼吸に意識を向けるようにすると、ちょっとした瞑想《めいそう》ができ、心が落ち着いてくる。

1日に何度か、そういう瞑想の時間をとってみると、不安や緊張、ストレスといったものを感じにくくもなるはずだ。

自分の呼吸に意識を向けると、「あっ、自分の呼吸がずいぶん速い」といったことに気づくことができる。呼吸が速いということは緊張しているということであるから、**できるだけ呼吸がゆっくりになるように息を吸ったり、吐いたりするといい。**そうやって深呼吸していると、心の平穏を取り戻すことができる。

HACK 22 ダイエットをする。

私たちの心は、身体と密接に関係し合っている。

肥満になって、文字通り「身体が重く」なってくると、なぜか「心も重くなる」という傾向がある。

リチャード・ストックトン大学のデビッド・レスターは、70名の肥満者を対象に、どれくらいネガティブな思考をとりやすいのかを調べているが、調べた肥満者のうち、32％がひどい抑うつに悩まされ、23％が自殺を考えている、という結果を得ている。

身体に余分なお肉がついてくると、心も重くなってきて、おかしなことばかり考えやすくなるのだ。

では、どうすれば「心を軽く」できるのか。

簡単な話で、身体を軽くすればいい。

つまりは、ダイエットをするということである。ダイエットをして、身体がスリムになってくれば、それに歩調を合わせるように、心も軽くすることができる。
だいたい30代、40代になってくると、日々の不摂生がたたって、どんどん肥満になっていく。すると、私たちのメンタルも弱くなる。感情的になったり、ネガティブなことばかり考えたりする。

それを防ぐためには、とにかくダイエットだ。

といっても、何か難しいことをするわけでもない。**暴飲暴食を控え、腹八分目の食事をし、適度な運動を心がけていれば、自然に体重は落ちてくる。**

肥満になってくると、自分の情けない身体がいやになってくるが、そうなると、自分自身のことも嫌いになってしまう。自尊心も下がって、なんに対しても自信が持てなくなる。

ところが、**ダイエットをして、スリムな身体を手に入れると、自分のことを好きになれるし、自尊心も高まる。すべてのことに対して前向きで、積極的にもなることができる。**

ダイエットのコツは、一気に体重を落とそうとしないことである。

それこそ、半年、1年をかけてもいいので、ゆっくり体重を落としていけばいい。

大切なのは、生活習慣、食習慣をゆっくり変えていくことである。習慣が変われば、体重も自然に落ちていくので、そんなにあわてる必要はない。

無理なダイエットをしようとすると、そのうち意志のほうが負けてしまって、かえってリバウンドで体重を増やすことになるので注意が必要だ。「1カ月で1、2キロも痩せることができれば十分」と考えて、徐々に習慣を改善していったほうが、ダイエットは成功しやすいということも覚えておこう。

HACK 23

ペットを飼う。

心理療法のひとつに、「アニマル・セラピー」と呼ばれるものがある。動物をなでたり、動物と触れ合ったりすることで、心が癒やされるのだ。

ミズーリ大学のクリスタ・クラインは、犬を飼っている人と、飼っていない人を比較すると、**犬を飼っている人のほうが、緊張や不安などが少なく、心理的な健康度が高い**、ということを突き止めている。しかも、このペット効果は、女性や独身者において、さらに大きいこともわかった。

きちんと世話ができるということが大前提であるが、不安を感じやすい人、ストレスがたまりやすい人は、ペットを飼ってみるのはどうだろう。意外なほど、心が落ち着いてくるのではないかと思われる。

面白い研究をひとつご紹介しよう。

ニューヨーク州立大学のカレン・アレンは、都市部の証券マンという、日々猛烈な緊張を強いられている参加者を集め、任意に二つのグループに分けて、片方のグループには犬の世話をしてもらった。

それから6カ月後、全員の血圧を測定してみたのだが、犬と暮らすようになった証券マンのほうが血圧も低く、気分も落ち着いていることが明らかになったのである。

面白いことに、実験が終了したからと、アレンは貸した犬を返してもらおうとしたのだが、だれひとりとして、犬を返そうという人はいなかったという。

動物と触れ合うと、心が休まる。どんなに疲れていても、自分の愛するペットを眺めたり、やさしくなでたりしていると、心が癒やされるのだ。

ペットにする動物は、基本的にどんな動物でもいいと思うので、犬でも、ネコでも、ウサギでも、ハムスターでも、好きな動物にするといい。

世話をするのが大変で、飼育に自信がないという人には、金魚がおすすめだ。

金魚を飼育するのは、そんなに手間がかかるものでもない。たまに水槽の掃除をするくらいである。それでいて、金魚がのんびり泳いでいるのを眺めていると、まことに心が癒やされる。

アパートやマンションなどで、ペットを飼うのが難しいのであれば、たまには気晴らしに動物園に行ってみよう。たいていの動物園には、動物と触れ合えるコーナーがあると思うので、そういうところでウサギを抱っこしたり、犬と戯れたりしていれば、やはりペット効果と同じように心を癒やすことができる。

生きものに対して愛情を注げるようになると、人間に対しても愛情を注ぐことができるようになる。ペットを飼うことには、いろいろとメリットがあるので、世話は大変かもしれないが、それに見合った恩恵を受けることができるだろう。

HACK 24

頑張っている人の姿を見る。

「どうにもテンションが上がらない」
「どうしても出社する気持ちにならない」
「何もする気が起きない」

人間なら、だれにでも、そういうときがある。こんなときには、どうすればいいのだろうか。

ひとつのやり方は、**ものすごく頑張っている人の姿を眺めてみることだ。**そうすると、「自分も頑張らなきゃ！」と感じて、身体に活力が戻ってくることがあるからである。

「身近なところに、頑張っている人があまりいないのですが、どうすればいいですか？」と思うかもしれないが、それなら、映画やDVDを見るのもいい。古いところでいうと、シルベスター・スタローンの『ロッキー』などがおすすめだ。主人公が努力している映画なら、もちろん、なんでもいいと思う。

人によっては、人間でなく、頑張っている動物を見ていると、自分までやる気が出てくる、という人がいるかもしれない。

たとえば、競馬。ゴールに向かって全力で走っていく馬を見ていると、こちらまでやる気が出てくる、という人は少なくないのではないだろうか。

シアトル・パシフィック大学のサン・エリクソンは、心療内科に通っている、抑うつと不安症の47名を対象に、10日間の日記をつけてもらった。あとで、その日記の内容を分析してみたのだ。

すると、抑うつの人でも、毎日、いつでも落ち込んでいるかというと、そんなこともないことがわかった。**頑張っている他人を見た日には、気分も高揚していたのである。**頑張っている人の影響を受け、自分もそんなふうに行動しようとし、抑うつが減ることもわかった。

何かに向かって、ひたすら全力を出している人は、キラキラと輝いて見える。

そうやって頑張っている人を見ることは、私たちの心にポジティブな影響をもたらしてくれるのだ。

頑張っている陸上などのスポーツ選手、苦しい中で練習を重ねるボクシングなどの格闘技の選手など、頑張っている人のドキュメンタリー番組をテレビでやっていたら、そういうものは欠かさずに録画しておくと、自分のやる気が出ないときにうまく使うこともできるだろう。

自分が無気力な状態にあっても、頑張っている人を見ていると、「自分も立ち上がらなければ！」という意志力のようなものを取り戻すことができる。

やる気が出ないときには、とにかく頑張っている人を見つけることが先決だ。そういう人が身近にいてくれれば、やる気もすぐに戻る。

HACK 25

すべては思い込みと考える。

私たちが苦しみを感じるのは、物理的な症状や、物理的な痛みではなく、本人の思い込みだ。

本人の思い込みなのだから、認知を変えさえすれば、苦しみも感じなくなる。

オーストラリアにあるシドニー工科大学のサラ・エデルマンは、がんが進行した患者の認知を変えることによって、死ぬことへの不安や身体の痛みなどを軽減させることができることを確認している。

がん患者は、自分でおかしな認知をつくりあげ、それによって苦しめられていることが少なくない。

だから、その認知を変えてあげさえすれば、不安も消すことができるのである。

エデルマンは、**がん患者がおかしな認知をしていたら、それを変えてあげるようなカウンセリングをしてみた。**たとえば、次のように。

「僕は、どうせ死ぬんですよ」

「私だって、そのうち死にますよ。でも、死ぬまでは好きなことができますからね」

「僕は、これまでやっていたことができなくなりました」

「私も、年をとったので、昔やっていたことができなくなりましたよ。けど、友人とおしゃべりしたり、孫と遊んだり、楽しいことを新しく見つけました」


このような会話を通じて、がん患者の認知も少しずつ変わっていった。すると、心の不安も取り除かれ、イキイキとしてきて、痛み止めなどもあまり求めなくなったのである。

結局、私たちは、自分で自分の首を絞めるようなことをしているのである。

苦しいと思い込むから苦しみを感じるのであって、「苦しくもなんともない」と思い込むことができるなら、苦しみなど、たちどころに消えてなくなるのだ。

もし自分が不安を感じるようなことがあったら、それに対して、どんどん反論思考をぶつけていくのもいい。

たとえば、自分の健康のことが不安なのであれば、不安が顔をのぞかせたら、「でも、私は毎日ウォーキングもしているじゃないか！」「両親だって、元気に生きているじゃないか！」「食事にだって、気をつけているじゃないか！」と、どんどん反論していくのである。そうすると、健康への不安もきれいに消えていく。

自分の認知を変えるのは、自分ひとりでもできないことはないのだが、上手に反論することができないとか、どうやって認知を変えればいいのかわからない、ということもあるだろう。

そういう場合には、やはり心療内科や、メンタルヘルス科などに出向いて、専門家に話を聞いてもらうといいだろう。**「認知行動療法」**と呼ばれる分野が専門の先生なら、認知を変えるプログラムなどを組んでくれるはずだ。

HACK 26

ガムを噛んでリラックスする。

体質的に、どうにもストレスや緊張を感じやすいと感じるのであれば、ガムを噛む習慣を身につけるといい。**「噛む」という行為は、ストレスを軽減する効果があることが知られているからだ。**

ガムを噛んでいると、歯やアゴを強くすることもできるし、ガムによっては虫歯予防までできる。一石二鳥である。

オクラホマ州立大学のダナ・ブリットは、45名のボランティアを募って、自分の外見に関して人前で3分間のスピーチをさせるという実験をしたことがある。スピーチをするのは、だれにとっても緊張するものであり、心理学の実験では、ストレスや緊張を高める手段として、しばしば利用される。

参加者たちを十分に緊張させたところで、ブリットは、ガムを噛んでもらった。それから、不安を測定してみると、不安を鎮める効果があることがわかったのである。

ブリットは、またタバコを吸わせるという方法も調べていて、タバコを吸うことによっても不安を軽減させることができることを突き止めている。ただし、タバコを吸うのは健康に悪そうであるから、ガムのほうがいい。

メジャーリーガーは、ガムをくちゃくちゃと噛みながら、バッターボックスに入る。その姿を見て、「マナーが悪いなあ」と思った人もいるのではないかと思う。私も、最初はそんなふうに感じた。

けれども、**バッターがガムを噛むことには、きちんとした心理学の裏づけがあるのであって、緊張によって身体がこわばってバットが振れなくなることを抑制する効果があるのだ。**だから、ガムを噛んでリラックスしているのである。

仕事でも、ストレスや緊張を感じることが多いのであれば、本当はガムでも噛みながら仕事をさせてもらうのがいちばんなのであるが、やはりマナーを考えるとなかなか難しい。周囲の人たちを不愉快にさせてしまうのでは、自分のストレスを軽減できても、印象が悪くなってしまう。

そのため、外回りに出かけるときや、移動のとき、あるいは休憩のときなどに、ちょっとだけガムを噛む程度でもいいのではないかと思う。それだけでも十分にストレスを軽減する効果は期待できるだろう。

日常のストレスは、できるだけちょこちょこと解消してしまったほうがいい。ストレスをため込んで、いっぺんに解消しようとするよりは、1日に何回かガムを噛んで、そのたびにストレスをなくしてしまったほうが、心の健康を保つことができる。

HACK 27

アロマオイルを持ち歩く。

緊張や不安が高まったときには、いい香りを嗅ぐのも効果的だ。

いい香りを嗅げば、一気に心を落ち着かせることができるからである。

小さなアロマオイルなどをバッグに入れておけば、いつでも好きなときに香りを楽しむことができ、仕事の疲れなどもいっぺんに吹き飛ばせる。

「では、どんな香りのアロマがおすすめなんでしょうか？」

と考える人もいるだろう。

基本的に、自分が好きだと感じて、心地いい気分になれる香りであれば、なんでもかまわないと思うのだが、フローラル系の香りがいいであろう。アロマに迷ったら、ラベンダーの香りがおすすめだ。

ウェスタン・オレゴン大学のクリスティーナ・バーネットは、とても難しいクロスワードを、厳しい時間制限の中で解かせていく、という実験をしてみたことがある。プレッシャーを与えて、不安と緊張をあおったのだ。

そのあとで、バーネットは、ラベンダー、ローズマリー、水（無臭）の匂いを嗅がせ、高まった心拍数がどれだけ早く落ち着くのかを調べてみた。

その結果、不安や緊張を解消するのに、いちばん効果的だったのは、ラベンダーであった。ローズマリーも効果はあったが、ラベンダーよりは少し落ちるようである。

アロマオイルを、ハンカチなどに染み込ませておけば、ちょっとした時間にその香りを楽しむことができる。手首に軽く振りかけておいてもいい。そうすれば、いつでもアロマを楽しむことができる。

香りによって心地よさを感じると、私たちの脳みそは、心地いい気分のときに分泌される快楽物質をどんどん分泌し始め、それによって心が落ち着く。

アロマオイルの香りがどうしても苦手というのであれば、コーヒーや紅茶の香り、あるいは緑茶の香り、焼き立てのクッキーの香りなどでもいい。そういうものを口にすれば、ストレスも軽減できるだろう。

カフェなどで一服するときには、アイスコーヒーや、アイスティーでは香りがあまり立たないので、どうせならホットを注文しよう。そのほうが、心を落ち着かせる効果は高くなるはずだ。

私は、夏でもホットを注文するが、そのほうが香りを楽しむことができ、ついでに心のストレスも取り除くことができるからである。

アロマオイルは小さなビンなどに入れておくと、それほど重いものでもないし、携帯にも便利なのであるが、トイレの芳香剤のような感じがしてあまり好きではない、という人もいるだろう。そういう人は、ホットコーヒーでもなんでもいいので、自分の好きな香りを見つけて、その香りを嗅げば自分はやる気が出てくる、というように身体を条件づけておくといいだろう。

HACK 28

不安にはリターンがあると考える。

不安を感じやすい人は、ある意味で、ラッキーである。なぜなら、不安を解消できたときに、普通の人以上に大きな興奮を味わうことができるからだ。**不安が大きければ大きいほど、それを克服できたときの興奮は、ずっと大きなものになる。**

フランスにあるランス・シャンパーニュ・アルデンヌ大学のファビエン・レグランドは、感情の「リバーサル理論」という理論を提唱している。不安や緊張といった感情は、逆転（リバーサル）して、興奮を生み出す、という理論だ。

この理論を検証するため、レグランドは、フランスのボージュ山にあるテーマパークで研究を行っている

レグランドが向かったのは、絶叫マシンのアトラクション。そのアトラクションに乗る前と、乗ったあとでの気分の変化を調べさせてもらったのである。

その結果、絶叫マシンに乗る前に不安が高かった人ほど、乗り終わってからの興奮が大

きいことがわかったのだ。

絶叫マシンに乗るときに、あまり不安にならない人もいる。そういう人は、興奮を味わうこともできない。

お客さまの前で、商品説明をするのが不安だという人がいるとしよう。**そういう不安を感じることは、逆にラッキーなのだと考えたほうがいい。**なぜなら、仕事が終わったときに、だれより大きな爽快感や興奮を味わうことができるのだから。

お客さまと会って商品説明をするのに、まったく不安にならないベテランの人がいるとしよう。

不安を感じやすい人は、そういう人を羨ましいと思うかもしれないが、実際にはそんなに羨ましくもないのである。なぜなら、そういう人は、興奮を味わうことができないからだ。これでは仕事の喜びや楽しみも感じることはないであろう。

不安を感じやすい人は、考えようによっては、まことに羨ましい人だといえる。だれより大きな快感を得ることができるのであるから、不安を感じやすい自分の体質に感謝しよう。不安を感じることをデメリットではなく、メリットだと考えるようにするのだ。

私も、非常に緊張しやすいタイプなので、テレビの仕事やラジオの仕事、あるいは講演会などは、基本的にあまりやりたくない。にもかかわらず、なぜかそういう仕事の依頼があると、つい引き受けてしまう。その理由は、事前に緊張すればするほど、仕事が終わったあとに、ものすごく大きな爽快感があることをわかっているからである。その爽快感を味わいたくて、いやな仕事も引き受けてしまうのである。

次に何か不安を感じることがあったときには、その不安を乗り越えたときに感じる興奮のほうに目を向けるようにするといい。そうすると、不安でさえ楽しむことができるようになるだろう。

HACK 29

どんなことにも慣れる。

私たちは、初めてする体験、初めて出かける場所にいると、不安を感じる。

これは、だれでもそうなのであって、少しもおかしなことではない。やったことのないことにチャレンジするときには、だれだってそうなのである。

新卒の社員にとっては、どんな仕事も初めての経験だ。だから、不安を感じるのは当たり前である。最初から、うまく営業ができる人などはいない。**だれでも、最初は不安なのである。**

一度も行ったことがない場所に出張で出かけるときには、道がわからず、不安になるのも当たり前である。

不安を感じたときには、「自分の心が弱いからだ」などと考えないほうがいい。

「単純に慣れていないだけだ」と考えよう。

そのほうが、自分を追いつめることもなくなるし、自分の実力や才能に自信を失うことも避けられる。

ウィスコンシン大学のジャニー・ピラヴィンは、1846名の献血者の不安や緊張を調べてみたことがある。

「今回が、初めての献血なのです」という人は、献血前にものすごく大きな不安を感じることがわかった。ところが、2回目、3回目となると、あまり不安を感じなくなり、16回以上も献血している人では、ほとんど不安も感じないことが判明したのである。

何ごとも、慣れてくれば不安もなくなるのである。

不安なのは、最初のうちだけであって、同じことをくり返していれば、それなりに不安は軽減されていく。

グループのリーダーや、工場長などに抜擢《ばってき》され、みんなの前で朝礼のスピーチをしなければならなくなった人がいるとしよう。

そういう人は、初日にはへどもどして、うまい話もできないはずだ。おそらくは、泣きたくなるほど恥ずかしい思いをするはずだ。しかし、それはまだ慣れていないからであって、スピーチが下手《へた》だからではない。

その証拠に、しばらく朝礼のスピーチをやっていると、みんなを笑わせたり、みんなのやる気が出るようないい話もできたりするようになる。慣れてくれば緊張もせず、堂々と話ができるようになるのだ。

不安を感じたときには、自分が過去において同じような経験をどれくらいしたのかを考えてみるといい。もし、一度もしたことがない、あるいはあまりしたことがない、というのであれば、不安になるのも当然であるし、うまくできないのも当然だと思えば、たいして緊張もせずにすむ。

HACK 30 思ったことは、なんでも口にする。

コミュニケーションに不安があるのなら、相手にどう思われるかなどは気にせず、思ったことはなんでも口にするようにするといい。

「こんな発言をしたら、頭が悪いと思われるかな」

「こんなことを言ったら、失礼かな」

「プライベートな質問をしたら、嫌われるかな」

そんなふうに思っていたら、何も発言ができなくなるし、ますます不安になってしまう。

シンシナティ大学のK・ニューワースは、1000名を超える人を調査して、コミュニケーションに不安を抱えている人は、自分からは何も発言せず、さらに不安が高まっていく、という負のスパイラルが起きていることを明らかにしている。

何も話さないから、どんどん不安になるのだ。

では、どうすれば不安にならないのかというと、簡単な話で、どんどん話せばいいのである。**話せば話すほど、コミュニケーションの不安は小さくなっていくものなのだ。**

話すことなど、どんなことでもいい。気候の話でも、ニュースで聞いた話でも、自分の子どものことでも、話題はなんでもかまわない。

とにかく、何かを口に出していれば、コミュニケーションに関しての不安はゼロにすることができる。話さないから不安になるのであって、話していれば不安はなくなるのだ。

噺家《はなしか》のように、うまく話そうとすると、言葉が出てこなくなる。その点、「話題なんて、どんなことでもいい」と割り切ると、スムーズに言葉が出てくるものである。

「そうは言っても、それでもやっぱり言葉が出てこない」

というのであれば、あらかじめセリフを決めて、そのセリフを丸暗記しておくといい。

「はじめまして、内藤誼人《ないとうよしひと》です。こんな、ジャガイモみたいな顔をしているので、顔を覚えてもらいやすいんですよ。本当に、両親に感謝ですね」といった自己紹介のセリフを、そのまま丸暗記しておき、だれに会ったときにも同じ自己紹介をするのである。

何度も同じセリフを口に出していると、スムーズな流れで会話をスタートすることができる。

私は、綾小路《あやのこうじ》きみまろさんの軽妙な話し方が大好きなのであるが、そんなきみまろさんも、いまだに舞台に上がるときには、ものすごく緊張するのだそうである。そこで、入念にネタを丸暗記して、徹底的にリハーサルをくり返しておくのだそうだ。

会話においては、アドリブでうまく話そうというのは無理である。とくに会話に苦手意識がある人は、とにかく自分なりの話題、ネタをしっかり準備して、口に出すセリフも徹底的に丸暗記してリハーサルしておくといいであろう。

HACK 31

パートナーをつくる。

最近の男性は、草食化してきて、「彼女なんて無理につくりたくもない」「彼女なんていらない」という人が増えているという話を聞いたことがある。女性も女性で、「つまらない男とつきあうくらいなら、ひとりのほうがマシ」という、〝おひとりさま〟と呼ばれる女性も増えているのだそうである。

恋人をつくるかどうかは、あくまでも本人が決めることであるからかまわないのであるが、**やはり恋人がいたほうが、心のよりどころというか、いざというときに相談できる避難場所のようなものができるので、日々の不安などを軽減することができるということは知っておくといい。**

カナダにあるセント・ジェームズ大学のクリストファー・バリスは、恋人のいない大学生179名と、恋人のいる116名の大学生のそれぞれに、不安を測定する心理テストを実施してみた。

その結果を比較すると、恋人のいる大学生のほうが、はるかに不安感が低いということが明らかにされた。

恋人がいると、私たちは、どこか心が安心するというか、落ち着くようである。そのため、ストレスや不安も感じなくなるのである。**恋人がいる人のほうが、心に余裕が持てるのである。**

仕事で何かミスをしても、何か困った出来事が起きたとしても、「まあ、僕には彼女がいるし」と思えば、そんなに心理的なショックも受けなくなる。上司にさんざん説教を食らっても、「まあ、私にはステキな彼氏がいるから」と思えば、そんなに心が落ち込んでしまうということもないのだ。

同じような効果は、結婚することでも得られる。

独身者と既婚者で比べると、精神的に安定しているのは、既婚者のほうである。気分や感情がおかしくなりにくいのは、既婚者である。やはり、配偶者がいるということは、ものすごく大きな安心感を与えてくれるのであろう。

結婚式のスピーチにおいては、「結婚すると、幸せは2倍に、悲しみは半分になります」という定番のネタを聞くことも多いのだが、この教えは心理学的にいっても正しい。結婚すると、否定的な感情を抱くことが少なくなるのだ。

頑《かたく》なに「私は恋人なんてつくらない」と決めている人もいると思うのだが、もう少し柔軟に、恋人をつくってもいいのではないかと思う。

ものすごく高い理想を持っていると、なかなか恋人ができなくなるので、あまり高い理想を持たないことも重要である。どんな人でも、つきあってみると意外にステキなところをいくつも発見できるのが普通であるし、一緒にいて幸せな気分にもなれるであろう。

HACK 32

お酒の力を借りる。

いろいろなことに悩み、考えすぎることで疲れてしまうような人は、ちょっとだけお酒を飲むようにするといい。

お酒を飲むと、お酒の主成分のアルコールが、脳を麻痺《まひ》させてくれる。

酔っ払ってきて最初に麻痺するのは、脳みその大脳新皮質《だいのうしんひしつ》と呼ばれる部分だ。大脳新皮質は、私たちの「理性」を司《つかさど》っているところなので、ここが麻痺してくると、理性の抑制がとれ、普段より陽気になったり、幸福感に包まれたりするのだ。

悩みが尽きないときには、ちょっぴりお酒を飲んでみよう。

お酒が回ってくれば、「なんでこんなにつまらないことで悩んでいるんだ」と悩むことがバカバカしくなってくる。つまりは、悩みを消すことができるのである。

なお、大脳新皮質を麻痺させるには、〝ほろ酔い〟で十分。

日本酒でいえば、1合から2合。ビール（大瓶）なら1本から2本、ウィスキーならダブルで1、2杯だ。そんなもので、十分に気持ちよくなれる。

ジョージア大学のジェニファー・モナハンは、レモンのライム割りのウォッカを飲ませてから作業をやらせると、不安や緊張が小さくなることを実験的に確認している。**ほろ酔い状態になると、私たちは、小さなことなど気にしなくなって、おおらかな気持ちになれるのである。**

もちろん、お酒を飲むといやなことを忘れられるからといって、勤務時間中に、ポケットビンのお酒を隠し持っていて、それを飲んだりしてはいけない。もし見つかったら、クビになってしまうからである。お酒を飲むのは、あくまでも仕事が終わったあとだ。

かつてのモーレツ社員たちは、みんな元気によく働いていたものだが、その理由は、仕事が終わったあとに、みんなでお酒を飲みに行っていたからではないか、と私は思っている。お酒を飲んで酔っ払い、みんなで呵々大笑《かかたいしょう》しておしゃべりしていたことが、仕事のストレスを軽減させてくれていたのであろう。

そういう「飲みニケーション」がどんどん少なくなり、お酒を飲む人口も減ってきているので、ストレスを心の中にため込んだままにしておく人が増えてきたのではないだろうか。これは、あくまでも私の推測にすぎないのだが、当たっているような気がする。

仕事が終わったあとで、ビールを1、2缶くらい飲むと、心も身体も柔らかくなってきて、緊張が解けるように感じる。日々のストレスは、そうやってうまく処理していくのがポイントだ。

もちろん、飲みすぎには気をつけなければならない。飲みすぎて肝臓を壊したりしては、せっかくのお酒の効果も台なしである。あくまでも、ほどほどにたしなむ程度にお酒とつきあっていくことが大切だ。

HACK 33

経験者に話を聞く。

どんなことでもいいのだが、もし何か不安に思うことがあるのなら、自分が不安を抱えていることをすでに経験している人に話を聞きに行くのがいい。**経験者ならではのアドバイスをしてくれるので、そういう話を聞いていると不安を消すことができるからだ。**

たとえば、転職すべきかどうかで悶々としているのなら、すでに何度か転職している人に話を聞いてみるといいだろう。

転職をしたことがない友だちに相談などしても、経験したことがないことについては、たいしてアドバイスはできない。話を聞いてもらって心が落ち着くかもしれないが、できるだけ経験者のほうが役に立つ。

同じように、**結婚したほうがいいのかどうかで迷ったら、既婚者に話を聞いてみるといい。**すでに結婚しているわけだから、結婚の良いところや悪いところなどもよくわかっているはずである。

結婚したことがない人に相談に行っても、時間のムダとまではいかないが、お互いによくわかっていないことなので、かえって不安が募ってしまうということもある。相談するのなら、絶対に経験者のほうがいい。これは何ごとに対してもそうである。

カリフォルニア大学のジェームズ・クーリックは、心臓バイパス手術を受けることになっている84名の男性について調べている。

彼らは、手術の前に、個室に入るか、それとも同じ心臓バイパス手術を受けた患者と同室になるか、あるいは心臓病以外の手術を受けた患者と同室になった。

その結果、**同じ心臓バイパス手術をすでに受けた患者と同室になったときに、もっとも不安が減らせることが明らかになった。**経験ずみの人が同じ部屋にいると、心強くなれるのである。

クーリックは、退院までの日数についても調べているが、手術前に個室に入った人は、退院までに平均して9・96日かかった。ところが、同じ心臓バイパス手術を受けた人と手術前に一緒にいると、退院までには8・04日ですんだのである。おそらくは、手術前の不安を大いに軽減できたためであろう。

ちなみに、心臓病以外の手術を受けた人と同室になった場合には、退院までの日数は

9・17日であった。だれかが同じ部屋にいるということは、多少の心の支えにはなるようだが、自分が受ける手術をすでに経験した人に比べると、その効果は落ちるようだ。

経験した人が、そんなに都合よくいるわけではないので、話を聞きに行きたくとも、なかなか難しいという人もいるであろう。

そんなときは、**ネットで自分が悩んでいることをキーワードに検索**すれば、自分と同じような悩みを抱えている人や、すでに経験した人のブログやサイトを見つけることができ、そういうコミュニティで情報収集したり、意見交換をしたりしていると、気分も落ち着くであろう。

HACK 34

ピンク色のものを眺める。

私たちの心は、自分が目にする色によっても影響を受ける。緑の多い自然などを見ていると、心が落ち着くのはそのためである。緑色は、心を癒やしてくれる色なのだ。

あまり知られていないが、ピンクもまた、私たちの心を癒やす色である。

ピンクというと、お笑いコンビ・オードリーの春日俊彰《かすがとしあき》さんなどが頭に思い浮かぶが、ピンクは心を癒やしてくれる色なので、自分でも身につけてみるといい。薄いピンクのシャツなどは、男性でもオシャレだと思う。

ピンク色の洋服を着ているおばあちゃんは、年齢よりずいぶん若く見える。ピンクにはアンチエイジングの効果もあるのだ。

とはいえ、なかなかピンク色の洋服を着るには勇気がいるので、ピンク色が入った小物などを用意して、疲れたときにはそういう小物を眺めてみるのもいいだろう。

花びらにはピンク色が入ったものが多いので、花の写真を使ったクリアファイルや、手帳ケースなども使うようにすれば、知らないうちにピンクを目にすることができるので、心を休めることができる。

ジョン・キャロル大学のパメラ・プロフセックは、部屋全体が真っ赤の部屋と、部屋全体がピンクの部屋を用意し、それぞれの部屋でどれくらい不安を減らすことができるのかの比較検討を行っているが、**ピンクの部屋が圧倒的に不安軽減効果を示すことを確認している。**

スナックなどの飲み屋さんでは、ピンクのネオンなどが使われることが多いのも、「このお店に来れば、心が癒やされますよ」というアピールをするためであろう。ピンクには心を穏やかにさせる効果があるので、癒やし系のお店のイメージを与えるのだ。

ピンクというと、どうしても女性の色を連想させる。

そのため、多くの男性にとっては、ピンクを使うのは現実的に厳しいかもしれない。

そこでひとつ**「色彩呼吸法」**というやり方をお教えしよう。

やり方はとっても簡単で、目を閉じて深呼吸をするとき、視界全体にピンク色を想像してみるのだ。そして、ピンク色の空気をゆっくり吸い込んで、ピンク色の空気をゆっくり吐き出すようなイメージで深呼吸するのである。

普通に深呼吸するより、色彩呼吸法のほうが、さらに効果的である。

ぜひ読者のみなさんも試してみてほしい。驚くほど心が落ち着いてくることを実感していただけると思う。やってみるとわかるが、気分が若々しくなったようにも感じると思う。

すごい
メンタル・ハック
17

Chapter
3

人間関係の悩みが
ゼロになる!

HACK 35

「ありがとう」を口ぐせにする。

人間関係に悩んでいる人は多い。

たしかに、人間関係はまことに複雑であるし、そのつきあい方に悩むこともうなずける。

しかし、たったひとつ、**これだけを覚えておけばたいていの人間関係を上手に乗り切れる、という魔法のような方法があるのだ。**しかも、このテクニックは、だれにでも、すぐに実行できるという優れものだ。決して難しい技術を必要とするわけではない。

では、じらさずにその方法をお教えしよう。

人に会ったら、とにかく何度でも「ありがとう」と口にすること。たった、これだけだ。

これに気をつけるだけで、大半の人とのつきあいはうまくいってしまうのである。

相手が何かものすごく大きな親切をしてくれたから、「ありがとう」と言うのではない。理由などどうでもいいから、とにかくなんに対しても「ありがとう」と言うのだ。

人に会ったら、「今日はお会いいただき、ありがとうございます」であるし、相手からメールの返信があれば、「返信、ありがとうございます」だ。「ありがとう」という言葉は、どんなときに使ったっていいのであるし、また、使うべきなのである。自分のお願いが断られても、「とりあえず、ありがとう」と言ってもいい。

「ありがとう」という言葉を使っていると、どうなるか。

たいていの人は、みなさんのファンになってくれて、親切に接してくれるようになるのである。 なぜなら、「ありがとう」と人に感謝されることは、まことにうれしいことだからだ。私たちは、「ありがとう」と感謝してくれる人には、ひどい対応などとれなくなってしまうのである。

ペンシルベニア大学のアダム・グラントは、「ありがとう」という感謝の言葉を含んだメールと、そういう感謝の言葉のないメールを送って、どれくらい人が親切にしてくれるのかを調べてみたことがある。「ありがとう」が含まれているかどうかを除くと、メールの文面はすべて同じだ。

その結果、「ありがとう」という言葉が入っているメールをもらった人のうち66%は、その後のお願い（面倒な実験に参加してほしいというお願い）にも、快く応じてくれたのである。感謝の言葉のないメールをもらった人では、32%しか面倒なお願いには応じてくれなかった。

人に親切にしてもらいたければ、いつでも、どこでも、だれに対しても、「ありがとう」「ありがとう」と、感謝の言葉を連発していればいいのである。そうすれば、みなさんはだれからも好かれるし、すべての人をファンにすることができる。

人間関係をそんなに難しく考える必要はない。

あれこれとややこしく考えるから、人づきあいが困難になるのであって、「ただ、〝ありがとう〟と言っておけばいいんだ」と気軽に考えれば、人づきあいなどちっとも怖くなくなるであろう。

HACK 36

とりあえず笑う。

人間関係においては、とりあえず笑っておくことも重要だ。

面白いことがあるから笑うのではない。**面白いことなどなくとも、人に会うときには、とりあえずニコニコと愛想よく笑っていればいいのだ。**自分から面白い話題を切り出す必要もない。相手が何かしゃべってきたら、ニコニコと微笑《ほほえ》んでいれば、それでいい。

たいていの人は、「何か気の利いた話題を切り出さなければ」とか、「自分に関心を持ってもらえるようにしなければ」などとややこしいことを考えてしまって、人間関係を複雑なものにしがちだ。

人間関係など、シンプルに考えればいい。

とりあえず笑っておけばいいんだな、と思っていれば、それでいいのである。

こちらが笑っていると、どうなるか。

不思議なもので、相手もなんだか楽しい気持ちになってくるのである。こちらの笑顔が、相手の笑顔を引き出すのだ。

オランダにあるアムステルダム大学のアニーク・ヴルートは、これを**「笑顔の返報性効果」**と呼んでいる。「返報性」というのは、「お返し」という意味である。こちらが笑顔を見せれば、相手からも笑顔のお返しがちゃんと戻ってくるのだ。

ヴルートは、これを実験的に確認している。

ヴルートは、男女の学生アシスタントにお願いし、デパートやスーパー、ショッピング・モールなどにいる買い物客639名に声をかけさせ、あるときには笑顔で、またあるときにはできるだけ無表情で、動物愛護の募金を持ちかけさせたのである。

アシスタントが買い物客に声をかけるときには、別のアシスタントが少し離れたところから買い物客の表情を観察していた。

すると、アシスタントが笑顔で近づいていったときには、なんと64・9％の人が笑顔を返してくれたのである。アシスタントが無表情で近づいたときには、64・7％は無表情のままであった。

こちらが笑顔を見せさえすれば、かなりの高確率で、相手からも笑顔が返ってくるのである。

仕事のときでも、プライベートのときでも、とりあえず笑っておけば、多くの人がみなさんにいい印象を持つはずだ。愛想よく微笑んでいれば、相手も同じように笑顔を見せてくれて、人間関係が円満になるのである。

ちなみに、私たちの表情というものは、同じ表情を何度もくり返していると、そのうちその表情が〝顔に貼りつく〟ようになる。これを、主人公が悪事を重ねるにつれて、彼の肖像画が醜く変化していくというストーリーの、オスカー・ワイルドの小説『ドリアン・グレイの肖像』から「ドリアン・グレイ効果」と呼ぶ。

通勤中でも、入浴中でも、トイレに入っているときでも、ニコニコと笑顔をつくるようにしていれば、そのうち、笑顔が顔に貼りついて、いつでも笑っている顔になる。そういう顔になるように、気がついたときにはちょこちょこと練習するといいだろう。

HACK 37

相手の表情を真似する。

人間関係で問題を起こさない人は、共感性の高い人である。

相手が何を考え、どんな気持ちでいるのかがすぐにわかる人ほど、人間関係で問題を起こすことは少ない。なぜなら、相手の気持ちを敏感に察することができるので、おかしなことをしないからである。

では、どうすれば共感性が磨けるのか。

これも実は、意外に簡単にできる。

「私は、人の考えがよくわかりません」

「私は、相手が何を感じているのか、よくわかりません」

という人がいるかもしれないが、相手がどんな感情を抱いているのかを知るのは、そんなに難しくもない。ただ、**相手の表情を、自分でも真似《まね》してみればいいのだ。そうすれば、相手の感情が自分でもよくわかる。**

たとえば、共感性の高いお医者さんは、患者が「先生、お腹がひどく痛むのです」と苦しい顔で症状を訴えてきたら、自分も同じように顔をゆがめて苦しい表情をつくって、それから「それは、とても苦しいでしょう」というのである。だから、患者も「この先生は、私のことをよくわかってくれている」と感じるのだ。

その点、共感性のないお医者さんは、患者の表情を真似することはない。ただ無表情で、「それは苦しいですね」というのである。全然苦しそうな顔をしていないので、患者は、「この先生は共感性がないな」と思うのである。

会社の上司が「いやあ、今朝、いいことがあってさあ」と笑顔で話しかけてきたら、こちらも笑顔をつくって、「何があったんですか？」と応じればいい。笑顔をつくってみると、上司の機嫌がいいことが自分のことのようによくわかるからである。

共感性が高い人は、自分では気がつかないかもしれないが、無意識のうちに「相手の表情を真似る」というテクニックを実践しているようだ。

スウェーデンにあるランド大学のマリアン・ソンビー・ボルグストロムは、共感性の高い人に、怒った顔や、笑った顔のスライドを見せると、すぐに自分でも同じ表情になることを突き止めている。

不機嫌そうな顔をしている人がいたら、自分でもちょっと不機嫌そうな顔をしてみるといい。そうすると、「これは、虫の居所が悪そうだな。いまは、声をかけず、そっとしておいたほうがよさそうだな」ということがわかるだろう。

飲み会の途中で、つまらなそうな顔をしている人がいたら、自分も同じような顔をしてみよう。そうすれば、「退屈してきたから、そろそろお開きにしてあげたほうが喜ばれるだろうな」という心遣いもできるようになる。

共感性のない人は、とにかく相手の表情を自分でも真似してみるといい。そうすると、相手がどんな感情なのかが、自分でもよくわかるはずだ。

HACK 38

だれかと飲みに行く。

米国アナリシス・グループのベサニー・ピーターズと、サンノゼ州立大学のエドワード・ストリンガムは、男性4242名、女性3371名の大規模な調査を行って、**お酒を飲む人のほうが、お酒を飲まない人より、収入が10%から14%も高くなるという結果を得た。**彼らは、これを「ドリンカーズ・プレミアム」と呼んでいる。

なぜ、お酒を飲む人のほうが、お金持ちになりやすいのか。

彼らによると、その理由は、お酒を飲みに出かけることが「社会資本」になるからだ。

「社会資本」というのはわかりにくい用語であるが、簡単にいうと、「人脈」のことである。お酒を飲みに出かけるときには、たいていだれか他人と一緒に飲むのが普通であり、つまりは、人脈づくりに役立つのである。その人脈が収入を押し上げる働きをするのだ。

人脈をつくりたいのなら、飲みに出かけるのがいい。

「今度、一緒に飲みましょう」

という言葉は、社交辞令としてよく言われるが、社交辞令ですませていてはいけない。相手の都合のいい日を組んで、すぐにスケジューリングしてしまうといいだろう。

お酒を飲みに行くと、単なる表面的なつきあいではなく、どこかプライベートな雰囲気が出るというか、相手とかなり親密になれる。人と親しくなりたければ、とにかくどんどん飲みに誘うことだ。

社内の人たちと、月に1度くらいはお酒を飲みに出かければ、社内で孤立することもない。先輩とも上司とも、後輩とも、だれとでも飲みに出かけよう。そうすれば、社内にみなさんの敵はいなくなる。

社外の人とも、もちろん積極的に飲みに出かけよう。

いろいろな業種の人とお酒を飲むと、自分とは違う業界の話などが聞けて、それだけで面白いものであるし、人脈もどんどん広がっていく。

なお、お酒を飲むときのちょっとしたコツなのであるが、**できれば大人数でなく、2人とか、3人くらいで飲みに出かけたほうがいい。**人数が少ないときのほうが、私たちはあけっぴろげになるものであり、それだけ親しくなるのが早いからである。

なお、**お酒にそんなに強くない人でも、お酒の席にはどんどん顔を出したほうがいい。**

ものすごく薄くしてもらった水割りを飲むとか、ウーロン茶でもかまわない。一緒にお酒の席に加わるだけでも、人脈はつくることができるので、「私、お酒が飲めないので」と言って断ってしまうのはもったいない。

HACK 39

肌が合わない人とはつきあわない。

基本的には、だれとでも愛想よくおつきあいするのが理想ではあるものの、そうはいっても、どうしても虫が好かないとか、肌が合わない人もいるであろう。

そんなときには、**もうどうしようもないと割り切って、そういう人とのつきあいはなるべく最小限にするのも人間関係で疲れないためのポイントだ。**

カリフォルニア大学のグロリア・ルオンは、人づきあいにおいては、若い人より、年配者のほうが、はるかに満足度が高いことに気がついた。

なぜ年配者ほど満足度が高いのか、不思議に思ったルオンが調べてみると、年配者は、自分が気持ちよくつきあえる人を選んで、その人としかつきあわないということがわかった。つまり、年配者は、最適化戦略をとっているわけである。だから、満足度も高いのだ。

「どんな人ともつきあわなければならない」

「万人に好かれなければ、意味がない」

そんなふうに思い込むと、人間関係が苦痛になってくる。

つきあえない人とは、もうつきあえないのだと割り切って、そういう人とはできるだけうわべのつきあいをすればいい。 同じ職場にそういう人がいるのなら、挨拶だけはするとか、事務的な連絡をするとか、そういうレベルでのおつきあいだと割り切るのである。

「嫌いな人でも、好きになる努力をしたほうがいいのでは？」

と思う人もいるであろう。

しかし、それはできない相談である。

ルイビル大学のマイケル・カニンガムは、**私たちは、ある特定の人に対しては、小麦や花粉と同じような「アレルギー」を持つことがあると指摘している。** アレルギーなのであるから、もう理屈抜きである。とにかく、そういう人とはうまくつきあうことはできない。

小麦アレルギーの人に、無理に小麦を食べさせようとしても、アレルギー反応が出るだけで、無理な相談である。

「嫌いな人でも、好きになろう」とするのは、これと同じなのだ。

嫌いな人は、どうやっても嫌いなのであり、それはアレルギーと同じなので、できるだけ近寄らないことでしか、アレルギー反応は防げないのである。

あらゆる人間関係を円満にやろうというのは、とても難しい。そんなものを目指すと、人間関係が苦痛にしかならないので、**「どうしても肌の合わない人がいるのは、当たり前」と気楽に考えよう。**

そして、「どうしてもこの人は無理だ」というときには、その人は自分にとってのアレルゲン（アレルギーを引き起こす物質）なのだと割り切って、なるべく接しないようにしてもいいのではないか、と思う。

HACK 40

あだ名で呼んでもらう。

表面的なつきあいになりがちで、いまいち深いつきあいができないと悩んでいる人がいるとしよう。自分では、もっと深くつきあいたいと思っているのだが、うわべのつきあいしかできずに悶々としているのだ。

もし、私がそんな人にアドバイスをするのであれば、**名字ではなく、あだ名で呼んでもらうように人にお願いするといいのではないか、と答えるであろう。**

「内藤さん」

と名字で呼ばれたり、こちらも相手の名字を呼んだりしているだけでは、心理的な距離感が縮まらない。そこで、

「ナイさん」

などと、あだ名で呼んでもらうようにするのである。こちらから、「私のことは、○○って呼んでくださいね」と言えば、向こうも気を許して、「それじゃ、私のことは、○○

って呼んでください。友だちは、みんなそうしてますから」などと返してくれるかもしれない。

名字で呼ばれるか、それともあだ名で呼ばれるのか、ということは非常に重要である。**人づきあいが得意で、だれとでもすぐに親密な関係を結ぶことができる人は、たいていあだ名で呼ばれるものである。**

クレムソン大学のマイケル・イングリッシュは、30名分の男性のプロフィール文章をつくって、それを数多くの人に読ませて、その印象を尋ねてみた。

なお、それぞれのプロフィールは2種類用意されていて、ひとつはフォーマルな名前が紹介されており（「サミュエル」や「ティモシー」など）、もうひとつはあだ名が紹介されていた（「サム」や「ティム」など）。ほかのプロフィールの部分は、まったく同じである。

さて、それぞれのプロフィールを読ませたあとで、その印象を尋ねてみると、あだ名で紹介されているときのほうが、親しみやすく、人気者で、陽気だ、といった好ましい印象を与えることが明らかにされたのである。

私たちは、あだ名で呼ばれている人物には、心を開いて、気を許すようなのだ。

したがって、**人づきあいにおいては、できるだけ早い段階で、自分のことをあだ名で呼**

んでもらうようにするのがいい。

本当は相手のこともあだ名で呼んだほうが、お互いに親密になれるのだが、いきなり相手のことをあだ名で呼ぶのは失礼であるから、まずは自分のことをあだ名で呼んでもらうのだ。そうすれば、相手も自分のことをあだ名で呼んでくれ、と言ってくる可能性が高い。

自分のことをあだ名で呼んでくれ、とお願いするのが恥ずかしいというのであれば、名刺にあだ名を刷り込んでしまうのはどうであろう。

自分の名前のヨコや下に、「内藤誼人（ヨッシーって呼んでください）」などと刷り込んでおくのである。そうすれば、名刺交換をするときに、相手も笑ってくれて、あだ名で呼んでくれる可能性が高まる。

HACK 41

人づきあいに目的意識を持つ。

勉強をするとき、「今日は数学の問題集を5ページやろう」「今月は英単語を500個覚えよう」「今年中に、この分野を完璧にマスターしてしまおう」などと目的意識を持って勉強している人は、どんどん成績が伸びていく。

仕事でも、ただ漫然と与えられたことをやらされている人より、「こんなふうに接客してみよう」「効率的なやり方を探ってみよう」「今日は、違うエリアに営業に行ってみよう」などと、**たえず目的意識を持って仕事をする人のほうが、確実に自己成長していく。**

人間関係についても、まったく同様のことが当てはまる。

目的意識を持って人に会っている人のほうが、人づきあいはうまくなるのだ。

ミシガン大学のアミー・カネヴェロは、いい人間関係は、目的意識から生まれるのだと指摘している。

カネヴェロが調べたところ、**いい人間関係を築くことができる人というのは、必ずなん**

らかの目的意識を持っているのだそうである。

「相手の弱さに同情してあげるようにしよう」

「ワガママな振る舞いを、できるだけしないようにしよう」

「少なくとも3回は相手を喜ばせてあげよう」

「相手の感情に敏感になろう」

こういう目的意識を持って人に接していると、相手のことを心理的に受け入れることができ、相手との関係も良好になるのだそうである。

ある小学校の先生は、自分の受け持ちの生徒について、必ずひとつはほめてやろう、という意識を持って授業をしているそうである。不思議なもので、「ほめてやろう」という目的意識を持っていると、ほめるべき点をうまく見つけることができ、生徒のやる気を引き出すこともできるという。

目的意識があると、私たちは、自分の行動に気をつけるようになる。

目的意識がないと、なかなかそういうふうにはならない。

街中を歩いているとき、「お腹がすいたな。何か食べるか」という目的意識を持ったとたんに、飲食店の看板が目に飛び込んでくる。「明日の資料のため、何か本でも買ってから帰宅しよう」と思ったとたんに「〇〇書店」といった本屋の看板が目につくようになる。**私たちは、なんらかの目的意識を持つからこそ、そこに意識を集中することができるのである。**人づきあいにおいても、ソツなく人間関係をこなせる人は、みなきちんとした目的意識を持って人に会っている。

やみくもに人に会ってはいけない。何も考えず、漫然と人に会っていたら、いつまでたっても人間関係のスキルを伸ばすことはできないのである。

HACK 42

1回で好かれようと思わない。

初対面で絶対に相手に好かれよう、などと考えてはいけない。そんな大それた望みを持っていると、人に会うのが怖くなってしまうからである。**「まあ、そのうち、自分のいいところを相手にわかってもらえればいい」くらいの気楽な感じで人に会うのが正解である。**

何度か顔を合わせていれば、お互いに打ち解けていく。

初回の打ち合わせでは、お互いに緊張していたり、不安を抱えていたりして、思うように会話もできないかもしれない。

けれども、**2回目、3回目、と会う回数が増えてくれれば、それなりに会話も弾むようになっていくし、親しみも感じてくる。**だから、あわてて初回で好かれようなどと思わないほうがいいのである。

アイオワ大学のトーマス・ボーコヴェックは、250名の男子大学生を集めて、対人不安の高さを測定する心理テストを受けてもらった。そのテストで不安感の高い人と、低い人をまず分けてから、大部屋で見知らぬ人と会話をするという実験をしてみたのである。ただし、会話は3回やることになっていた。自分に割り振られたペアの人と、3回は顔を合わせることになっていたわけである。ボーコヴェックが、会話でのやりとりの回数を測定してみると、次のようになったという。

不安感の高い人……初回25・6／2回目63・0／3回目61・7
不安感の低い人……初回37・9／2回目73・2／3回目66・5

データから明らかなように、不安感の高い人は、初回においては、ほとんど会話ができていない。ところが、そんな人でさえ、2回目になると心を開けるようになるのである。

人に会うときには、初対面はたしかに重要であるが、いきなり相手に好かれようというのは、虫のいい話でもある。ただでさえ、初回は緊張感や不安感も高いのだから、無理はしないほうがいい。「好かれなければ」などと考えていると、余計に緊張して言葉が出てこなくなってしまう。

1回目は、とりあえず顔合わせだと割り切って、自分のよさをアピールするのは、2回

目以降にじっくりやればいい、と考えよう。そんなふうに割り切ると、かえって心が軽くなってきて、初回からもスムーズに話せるようになるかもしれない。

初めて会うときには緊張していても、2回目に会うときには、もう「知人」である。知人や友人と会うときの気持ちで人に会えるので、だれでも2回目のときのほうがリラックスできるのだ。

営業でもそうで、1回目の訪問で、どんなに厳しい対応をされても、めげずに2回、3回と顔を出すようにするといい。そのうち、お客さんのほうも心を許してくれて、「上がってお茶でも飲んでいきなよ」と言ってくれるかもしれない。

HACK 43

ほかの人に一緒に来てもらう。

自分ひとりでは不安で、なんの行動もできないという人がいる。たとえば、各種のパーティに出向きたいとは思うのだが、自分ひとりで参加するのがとても不安なため、参加を見送ってしまうような人だ。

「私は、どうしてこう引っ込み思案なんだろう」

「私のメンタルは、どうしてこうも弱いのだろう」

おそらくは、そんなことを考えて悩んでいるかもしれないが、悩む必要はまったくない。自分ひとりで出かけられないからといって、落ち込む必要もない。

そんなときには、**だれか友だちを誘って、2人で行くようにすればいいのだ。**友だちがいてくれれば心強いというのなら、わざわざ自分ひとりで度胸試しなどする必要はない。

「一緒に来てくれるとうれしい」とお願いすればいいだけの話である。

アメリカ人というと、ものすごく社交的で、パーティなども好んで参加するようなイメージがあるが、実際はというと、シャイな人もたくさんいる。そういう人は、だれか友だちと一緒でなければ、なかなか行動できない。なんのことはない、シャイな日本人とそんなに変わらないのである。

エリザベス・シティ州立大学のスコット・ブラッドショーは、極端にシャイな人は、だれか知っている人と一緒でなければ出かけられないことを指摘し、**「社会的代理人仮説」**というものを提唱している。シャイな人は、代理人（友だち）がいて、初めて行動できるというわけだ。

逆にいうと、友だちさえいれば、どんどん積極的に動けるわけであるから、友だちにお願いして、いろいろな人に会いに行けばいい。

結婚したいので婚活パーティに出かけたいと思っているのなら、友だちにも一緒に来てもらえばいい。ひとりで営業に行くのが心細いのなら、先輩にお願いして、営業に同行してもらうといい。

「ひとりで行動するのが怖い」というのは、当たり前の人間の反応である。ひとりだと、心細くならないほうがおかしいのだ。それは、まったく恥ずかしいことでもなんでもないし、度胸がないわけでもないので、心配はいらない。ただ、だれかを誘って、一緒に来てもらえばいい話である。

小さな子どもは、ひとりでは心細くて公園などに遊びに行けない。母親や父親が一緒でないと、遊びにも行けないかもしれない。しかし、それは最初のうちだけで、そのうち慣れてくれば自分ひとりでも行動できるようになる。

大人もそうで、最初のうちこそ、友だちの助けが必要かもしれないが、そのうち慣れてきて、自分でも行動できるようになるので安心してほしい。

HACK 44

話しにくいときは、いい聞き手を目指す。

会話をするのが苦手という人は多い。人を楽しませるような会話ができない、と悩む人も多い。

しかし、**自分から率先して話題を提供するのが苦手なのであれば、自分から話さなくてもかまわない。**むしろ、相手にたくさん話をさせてあげて、こちらは聞き手に回ればいいいのである。そのほうが、相手にも喜ばれる。

私は、タレントのタモリさんの飄々《ひょうひょう》とした雰囲気が大好きなのであるが、タモリさんというと、会話上手というより、むしろ聞き上手だ。自分から、軽く質問することはあっても、基本的には相手にたくさん話をさせてあげ、会話を盛り上げていくスタイルをとっている。

私たちが見習うべきは、タモリさんのような、上手な聞き役に徹することなのだ。

気の利いた話をしようと思うから、会話が怖くなるのである。むしろ、相手に気持ちよく話をさせてあげ、テニスの壁打ちでいえば、こちらは壁になって、相手の打ってきた球を打ち返すだけでいいと思う。

ウェイク・フォレスト大学のマーク・レアリーは、「退屈な会話」についての分析を行ってみたことがある。

どんな会話をすると、相手に退屈されてしまうのかを調べてみたわけであるが、堂々の1位は、「自己中心性」であった。つまり、相手の話を聞かず、自分だけがずっとしゃべりまくっているとき、相手は退屈してしまうのである。

「私は、会話が上手」などと思っていると、どうしても自分ひとりでしゃべりまくることになる。しかし、そういう会話は、本当は最悪なのである。

自分から話そうとするよりは、相手にたくさん話をさせてあげたほうが、本当は喜ばれるし、みなさんの印象もずっとよくなる。好かれる人は、実のところ、聞き上手な人のほうが多いのだ。

もちろん、聞き上手になるにも訓練が必要だ。

ただ、耳を貸していればいいのかというと、そうではない。聞き上手になるためには、タイミングよく相づちを打ってあげたり、相手の話を膨らませるような質問を差しはさんだりしていく必要もある。また、どんなにつまらない話でも、興味深い顔をして、ニコニコしながら聞いてあげる、という芸当も必要だ。

「自分には会話力がない」という自覚があるのなら、会話上手など目指す必要はない。その分、しっかり相手の話を聞くことに全力を注ごう。

相手の話していることは、ひと言も聞き漏らすまい、という態度で、しっかり耳を傾けてあげれば、相手も楽しんでくれるだろうし、みなさんに好感を持つことは間違いない。

HACK 45

好かれようとしすぎない。

ワシントン大学のロナルド・スミスによると、人間関係で不安を抱えやすい人は、自分が相手を好きになる以上に、相手から好かれることを望む傾向があるそうだ。

「絶対に好印象を与えたい」

「なんとしても好かれたい」

そう思うから、不安が高まってしまうのである。

では、どうすれば不安が払拭できるのかというと、簡単な話で、**好かれるかどうかは相手が決めることなのであって、自分ではどうにもできないことのだから、もうなるようにしかならない、と開き直ってしまうのである。**

「好かれなくたって、ちっともかまわない」と考えるのである。

好かれようと思わなければ、変に肩肘を張らなくてもすむ。自然体で相手に接することができる。すると、どうなるかというと、逆に好かれるのである。

勉強で考えてみよう。

「絶対に試験で満点をとってやる！」と考えていると、その心がけは立派なものだとは思うが、勉強が苦痛にならないだろうか。試験に対する不安も高まってしまうのではないだろうか。

その点、「まあ、平均点くらいとれればいいや」と割り切っていると、試験勉強をするのも苦にならないし、リラックスして勉強できるので、かえって思いのほかに高い点数をとれることも少なくない。

会う人すべてに100点満点をつけてもらいたい、と考えてしまうのはしかたがない。どうせなら、だれからも好かれたいと思うのは、人情である。

しかし、現実にいって、そんなことは絶対に不可能なのだ。「好かれる芸能人やタレント」といった調査が時折行われるが、ランキング上位の芸能人だって、国民全員に好かれているかというと、そんなわけがない。好印象を与えるタレントだって、嫌いな人はいくらでもいる。

ましてや、平凡な私たちが、だれからも好かれるなどということは、絶対にあり得ないのである。「だれからも好かれる」というのは、不可能なことにチャレンジしようとする

ことなのだ。

どんなに努力しても、嫌われるときには、やはり嫌われてしまう。

それは、みなさんが悪いのではなくて、もともとそういうものなのである。みなさんの会話がつまらないからとか、性格が悪いとか、顔立ちが整っていないとか、そういうことではないのだ。嫌われるときには、どうしても嫌われるのである。

どんな美人やイケメンのタレントでも、嫌われるときには嫌われるし、ブサイクな顔立ちのお笑い芸人でも、好かれるときは好かれるのであって、それはもう自分ではどうしようもないと割り切ろう。

全員に好かれなければ、人間関係が失敗かというと、そんなことはない。好かれる努力は大切だが、好かれなくたってかまわない、という割り切った心を持とう。

HACK 46

いやな人間関係を反面教師にする。

世の中には、どうしてこんなに性格が悪いのだろう、という人がいる。いや、そういう人のほうが多いくらいである。

たいていの人は、いやな人からはできるだけ逃げまくろうとするのではないかと思う。

しかし、そういう人とのつきあいも決して悪いことばかりではない、という発想の転換をしてみるのはどうであろう。

いやな人間とのつきあいなど、本当はしたくないと思うのだが、そういう人からはいろいろと多くのことが学べる。

カリフォルニア大学のクリスタル・パークは、506名の大学生に、過去1年間でのストレスフルな出来事について教えてもらった。すると、だいたいがストレスの原因として「人間関係」を挙げることがわかった。

では、そういうストレスフルな人間関係がどのような影響を及ぼしたのかというと、パークによれば、決して悪いことばかりではなかったという。「それによって自己成長できた」という意見が数多く見られたのだ。

なぜ、いやな人間とのつきあいが自己成長へとつながるのか。

いやな人間は、感情的で、怒りっぽいことが多いのであるが、そういう人とつきあっていると、**相手の感情を敏感に察知する技術を磨くことができたり、たとえ怒らせても上手におわびする技術を磨くことができたりするのである。**また、どうすれば相手を怒らせることなく会話をすればいいか、発言に慎重になったりするのである。そういうことで、自己成長できるのだ。

いやな人間とのつきあいからでも、学ぼうと思えば、いろいろなことが学べるのである。

哲学者ソクラテスの妻は、クサンティッペという名前の相当な悪女であったといわれている。あるとき、弟子のひとりが、師のソクラテスに「どうしてあんなにいやな女と結婚しているのですか?」と尋ねたそうだが、ソクラテスは笑って「いやな妻だからこそ、私はいろいろ学べて哲学者になれたのだ」と答えたという。

いやな人間関係からも、いろいろなことが学べるということがわかれば、それほど嫌悪感も持たなくなるのではないだろうか。

たとえ上司がものすごくいやなやつでも、「自分は、こういう上司には絶対になるまい！」と反面教師として学べばいい。上司が口うるさく説教してくるなら、「自分が上司になったら、小言を言うのをやめよう」と考えればいいのだ。

いやな人間とのつきあいは、避けられないことが多いのだから、自己成長の糧として大いに利用させてもらおう、という発想を持つことが大切だ。

HACK 47

就職、転職は人間関係で決める。

これから就職、あるいは転職することを考えているのなら、ぜひ絶対に覚えておいてもらいたいことが、ひとつある。

たいていの人は、福利厚生や給料などで就職先を決めようとするものだが、そうではなくて、**「職場の人間関係」を重視してほしいのだ。**福利厚生や給料は、二の次、三の次でいい。

なぜ、人間関係が重要なのか。

それは、どんな仕事をするにしても、職場の人間関係が冷たく、ギスギスしたものであれば、仕事自体がいやになってしまうからなのだ。逆に、仕事はそんなに面白くないかもしれないが、**職場の雰囲気がまことに和やかなものであれば、楽しく仕事に取り組めるものなのである。**

学校もそうだ。クラスに仲のいい友だちが何人もいれば、授業がさっぱりわからなくとも、それなりに楽しい学校生活を送ることができる。みんなが冷たくて、友だちもいないときには、どれほど先生が面白い授業をしてくれたとしても、やはり学校には行きたくなくなる。

カナダにあるブリティッシュ・コロンビア大学のジョン・ヘリウェルは、米国とカナダで調査を行って、**本人の満足度は、給料ではなく、職場の人間関係で決まることを明らかにしている。**

職場の人に、どれだけ信頼を感じるかについて、10点満点の回答でひとつポイントが上がることは（4点の人が5点になるように）、収入が30%増加するのと同じくらい、本人の満足度を高めることをヘリウェルは突き止めている。

気持ちのいい上司と同僚に囲まれて仕事をしていれば、少しくらい給料が少なかろうが、ちょっとくらいサービス残業が求められようが、それなりに仕事への満足感も高くなる。なぜなら、居心地のいい職場だからだ。

逆に、たとえ高給をもらったとしても、職場の人たちが挨拶もせず、黙々とただパソコンに向かっているだけの職場では、そのうち出社するのもいやになってくる。人間とは、そういうものなのである。

もし、これから転職をしようと思っているのなら、まずは職場の人間関係についてしっかり調べておこう。みんなが楽しく、ワイワイしゃべりながら仕事をしているような職場が理想だ。

その際、会社のホームページなどで情報収集するだけでは足りない。ホームページにはどうせいいことしか書いていないからだ。

どの会社もそうだが、「アットホームな職場です」「社内の〝和〟を大切にする会社です」などと、ウソばかり並べていることが多いので、必ず、その会社の人に職場の雰囲気を尋ねたり、実際にその会社に出向いて、社内を見せてもらったりしなければならない。

HACK 48

余計なことを言わない。

「友だちなのだから、秘密などつくらず、なんでも話し合えなければならない」

「夫婦なのだから、隠しごとをせず、自分のことはなんでも相手に話したほうがいい」

こうした考えは、間違いである。

たとえ親友でも、たとえ夫婦でも、相手に話さないほうがいいことはたくさんある。

オランダにあるユトレヒト大学のキャトリン・フィンケナウアーは、夫婦についての調査を行い、秘密にしておいたほうがいいことはいくらでもある、という結論を導いている。

たとえば、結婚前に、何人くらいの人とおつきあいしてきたとか、望まない妊娠をして堕胎したことがあるとか、両親が犯罪に手を染めたことがあるとか、そういうことは秘密のままにしておいたほうがいいのだ。

フィンケナウアーによると、20年以上結婚を継続している夫婦においては、62%は、昔の秘密を告白することは、有益というより、むしろお互いの関係にとって破滅的な危険をもたらすと考えているらしい。
人間なのだから、たとえ親しい友人にも、話したくないことはいくらでもあるだろう。そういうものは、**わざわざ話す必要はない。話せば、相手との関係が悪くなるだけで、いいことはひとつもないからだ。**

秘密を隠していることで、気がとがめると感じる人もいるかもしれないが、その話を聞かされる相手の立場になってみてほしい。それを考えれば、わざわざお互いの関係がギクシャクするようなことなど、自分から話すこともないであろう。死ぬまで黙っていればいいのである。

血のつながらない赤ちゃんを自分の養子にしたとして、その子が大きくなってきたら、真実を話したほうがいいのだろうか。私は、そんな必要はないと思う。子どもにとっても、知らないままのほうが絶対に幸せなはずである。

若いころに不良だったとか、万引きしたことがあるとか、クラスメートをいじめてしまったとか、人間には暗い過去のひとつやふたつは、だれにでもあるのではないかと思う。そういうものは、自分の心にこっそり封印し、だれにも話さないほうがいい。

人間関係というのは、なんでもかんでも話し合ったほうがいいのかというと、そんなこともない。むしろ、「黙っている」ということが最善の作戦であることも少なくないのだ。

とくに自分の印象を悪くしたり、相手に不快な感情を与えてしまったりするような秘密は、死ぬまでずっと心に封印したままにしておいたほうがいいであろう。

HACK 49

注意、叱責をした相手をほめる。

部下を指導するとき、甘い顔をしているだけでは、上司として失格である。ビシッと叱らなければならないときには、心を鬼にして叱らなければならない。とはいえ、叱ってばかりでは部下も腐ってしまう。なかなか難しい問題だ。

部下や子どもを叱責したり、説教したりすること自体は、悪いことではない。

しかし、叱ったら、必ずフォローが必要だ。

一度叱ったら、その何倍もほめてあげるようにすれば、つり合いがとれる。

ワシントン大学のジョン・ゴットマンは、何年にもわたる研究によって、好ましい人間関係を築くための黄金比率を導き出した。これは「ゴットマン比率」と呼ばれている。

たとえば、満足のいく結婚生活を続けたいのなら、相手の耳に痛いことを1回言ってしまったときには、ポジティブなことを5回言ってあげなければならない。

あるいは、親と子どもの関係でいうと、親が子どもを、「何をやらせても遅いのね」と叱ってしまった場合には、3回はほめてあげなければならない。
ゴットマンが明らかにしている、人間関係の黄金比率の一部は、次のようなものだ。

親と子ども……ポジティブ3、ネガティブ1
ボスと部下……ポジティブ4、ネガティブ1
配偶者…………ポジティブ5、ネガティブ1
友だち…………ポジティブ8、ネガティブ1

友だちに向かって、「その髪型、あまり似合ってないね」と正直な感想を言ってしまったところ、友だちがムスッとした顔をしたとしよう。この場合には、そのあとで、**折を見ながら、8回も相手が喜ぶようなことを言ってあげなければならない。**少なくとも、ゴットマンの比率に従えば、そういう計算になる。これは非常に面倒くさいので、最初から人の悪口は言わないほうが賢明だ。
基本的には、相手がいやがるようなことは言わないほうがいいに決まっているのだが、そうはいっても叱らざるを得ない状況というものもあるだろう。

もし、みなさんが叱ってしまったときには、ゴットマンの比率を思い出し、「明日からしばらくは、ほめてあげなければならないな」と考えてほしい。ちゃんとほめてあげることでつり合いをとるようにしていれば、相手との関係が悪くなってしまうということは避けることができる。

HACK 50

苦手な人の懐に飛び込む。

東《とう》レの取締役になった佐々木常夫《ささきつねお》さんは、その自著『決定版　出世のすすめ』（角川《かどかわ》新書）で、営業部に配属されたばかりのときの思い出について語っている。

佐々木さんが配属された先の上司は、佐々木さんがもっとも苦手とするタイプだったらしい。

そこで佐々木さんはどうしたかというと、**2週間に1度のミーティングを持ってくれるように上司に進言し、なかば強引に上司のスケジュールを押さえて、2人だけで話をするようにしたのだそうだ。**

苦手なタイプだからといって、避けるのではなく、自分から相手の懐に飛び込んでいったのである。2週間に1度なら我慢できる、という計算も多少はあったに違いない。

ちなみに、1年後、その上司は、マーケティング部門の部門長として異動したそうである。「やれやれ、やっと解放された」と佐々木さんは喜んだのもつかの間、その4カ月後には、なんとまた同じ上司に呼び寄せられ、同じミーティングを続ける羽目になった。

そしてその上司がプラスチック事業部門長としてまた転出していったのだが、その3カ月後には、またしても同じ上司に呼び寄せられたそうである。なんのことはない、佐々木さんは、すっかりその人のお気に入りになっていたのだ。

苦手だからといって、逃げまくっていてもしかたがない。

いつもというわけではないが、佐々木さんのように、相手の懐に飛び込んでいくのも、いいアイデアなのではないかと思う。

苦手な相手に自分からぶつかっていってしまったほうが、壁を突破できることも少なくないのだ。

フロリダ国際大学のマリー・レヴィットは、困った人間関係にどう対処するのが賢いやり方なのかについて調べてみた。その結果、いちばん効果的だったのは、「自分から話しかけるようにする」ということであったそうである。

苦手な上司から、「おい、○○！」と呼びつけられるのは、まことに不愉快なことである。そこで、呼びつけられるのを防ぐにはどうしたらいいのかというと、**自分から毎朝、上司のところに自分から出向いていって、「課長、今日は、何か私に指示はありませんでしょ**

うか？」と聞いてしまうのである。朝のうちに指示を聞いてしまっておけば、自分の作業中に呼びつけられることもずいぶん減らすことができるだろう。

上司に頼まれた仕事をするときには、ちょこちょこと途中経過を報告に行くのもいい。「こんな感じで進めていって、大丈夫ですか？」といちいち確認をとるようにすれば、あとで文句を言われることもなくなるはずだ。

HACK 51

類似点の多い人とつきあう。

円満な人間関係を築くためのちょっとしたコツなのであるが、できるだけ自分と類似点の多い人とおつきあいするようにするのがいい。自分と似ている点をたくさん持っている人のほうが、相性もいいことが多いからである。

心理学には**「類似性の原理」**という、よく知られた原理がある。

どんな原理なのかというと、類似点が多い人ほど、お互いに心を開きやすくなり、親しみを感じやすくなり、仲良くなれる可能性が高くなる、という原理だ。

フランスにある南ブルターニュ大学のニコラス・ゲーガンは、50名の大学生に、架空の学生を装って、「食生活についてのアンケートに答えてもらえないでしょうか?」というメールを送ってみた。

このとき、半分の学生には、自分のことを名のるときに、相手の名字と同じものにしておいた。残りの半分の学生には、違う名字で名のった。

その結果、アンケートに答えてくれる割合は、次のようになったという。

相手と同じ名前……96％（25人中24人）
相手と違う名前……52％（25人中13人）

データから明らかなように、私たちは、自分と同じ名字の人には、親切な対応をとるのである。類似性の原理が働くからだ。

類似性の原理は、名前だけでなく、出身地、出身大学、年齢、趣味、家族構成など、さまざまな領域で見られることが確認されている。

人と会話をするときには、できるだけ相手との類似性が高い話題をするのがポイントである。そのほうが、会話も盛り上がるし、一気に仲良くなれるからである。

「私も、○○さんと同じ北海道出身なんですよ」
「私は、○○さんと大学が同じで、後輩にあたるわけですね」
「私も、自転車で通勤しているんです」

このように、相手との類似点を強調すればするほど、会話はスムーズにいくはずだ。もちろん、それをするためには、しっかり相手のプロフィールについて事前の情報収集が欠かせないのだが。

ありがたいことに、**最近では、SNS（ソーシャル・ネットワーキング・サービス）を使って、相手の個人情報はいくらでも調べることができる。**相手がブログを書いているのなら、それをちょっと読んでおくだけで、ペットを飼っていることや、小さな子どもがいることや、3回転職をしていることや、そのほかいろいろな情報が手に入るはずで、そういうものの中から、自分との接点があることを話題にすればいいのである。

すごい
メンタル・ハック
13

Chapter 4

ネガティブ思考を逆転する！

HACK 52

背中を丸めない。

私たちの思考は、自分がどんな姿勢をとっているかによって影響を受ける。ネガティブ思考になりやすい姿勢というのがあって、そういう姿勢をとっていると、だれでもネガティブなことばかりが頭に浮かんでしまうのだ。

カナダにあるヨーク大学のヴィエッタ・ウィルソンは、**背中を丸める姿勢をとっていると、過去の悲しいことなどが頭に浮かびやすくなることを突き止めている。**頭を抱えて、背中を丸めるような姿勢をとっていると、24人中17人が、ポジティブなことより、ネガティブなことが頭に浮かんできたというのだ。

では、どうすればネガティブ思考を払拭できるのだろう。

ウィルソンによると、それには、ポジティブ思考が浮かびやすい姿勢をとればいいとのことである。

ポジティブ思考が浮かびやすい姿勢というのは、背中を丸めるのとは、反対の姿勢だ。

つまり、背筋をグッとまっすぐに伸ばした、直立の姿勢である。そういう姿勢をとっていると、今度は、過去のうれしいこと、喜ばしいことなどが頭に浮かびやすくなる。実験に参加した24人中22人は、そういう姿勢をとっていると、「ポジティブなことが頭に浮かんでくる」と答えている。

最近の人は、デスクワークが多いせいか、猫背の人が増えている。

これは、とても危険なことである。

なぜかというと、猫背の姿勢をとっていたら、どうしてもネガティブなことを考えやすくなってしまうからだ。みなさんが、ネガティブ思考に悩まされているのだとしたら、その原因は、猫背にあるのかもしれない。

「なんだか自分の人生はつまらない」

「ひょっとするとリストラされちゃうんじゃないかな」

「みんなが私のことを悪く言っているように感じる」

そういう悲観的なことばかりが頭に浮かんでしまうというのなら、とにかく姿勢をよくすることだ。背中をグッと伸ばしていれば、そういう思考も起きにくくなるから、これはぜひ実践してほしい。

昔の人は、「姿勢をよくしなさい」と口やかましく指導したものである。親も、学校の先生も、職場の上司も、姿勢が悪い人には、ビシビシそれを指摘したのだが、最近では姿勢を正すように教えてくれる人がいなくなってしまった。これは、非常に嘆かわしいことである。

私たちの心は、姿勢によって決まるのであるから、ネガティブ思考に陥りやすい人は、まずは姿勢を正すところから始めるといいであろう。

HACK 53

アゴを上げる。

ラグビーにしろ、サッカーにしろ、バスケットボールにしろ、プロスポーツ選手のコーチや監督は、選手たちに、「顔を上げろ！」「アゴを上げろ！」とハッパをかけることが少なくない。

なぜ、顔を上げさせるのかというと、うつむいた顔をしていると、気分のほうも落ち込んできてしまって、「このままでは負けるのではないか」と心理的に委縮してしまうからである。**心が負けてしまっていては、試合に勝てるわけがない。だから、とにかく「顔を上げろ！」と怒鳴るわけである。**

前項で、「背筋は伸ばしたほうがいい」と述べたが、背筋を伸ばせば、自然にアゴも少し上向きになる。そうやって顔を上げていれば、強気な気持ちでいられるのである。

カナダにあるラバル大学のアーヴィッド・カッパスによると、うつむいた顔をしていると、周囲の人には「悲しそう」という印象を与えてしまうというのだが、実際にうつむいていると、悲観的になりがちになるので注意しよう。

ネガティブ思考に陥ったとき、

「こういう考えをやめよう」

「もっと明るいことを考えよう」

「楽観的になろう」

と考えても、なかなかうまくいかないものである。明るいことを考えたいとは思っていても、すぐにネガティブ思考が浮かんできてしまうからだ。

その点、「アゴを上げる」ということであれば、だれでもすぐにできる。しかも、**顔を上げていれば、「明るいことを考えよう」などと努力しなくとも、自然に気持ちが明るくなってくるのだ。**

心をどうにかしようとするより、姿勢をどうにかしようとするほうが、はるかにラクである。したがって、まずは明るくなれるような姿勢をとったほうが、現実的にはものすごく効果が高いのだ。

気持ちがくじけそうなとき、自分が負けそうになったときには、とにかくアゴを上げることだ。顔を上げていれば、気持ちのほうもそれにつられて、上向きになっていく。アゴを下げていると、どんどん気落ちしていく。

かりに営業がうまくいかなくとも、クライアントに提出した企画書が通らなくとも、**うつむかずにアゴを上げよう。そうすれば、「次に頑張ればいいんだ!」と気持ちが前向きに、積極的になっていく。**うつむいていると、心はしょんぼりしてきてしまうので、どんな境遇にあっても、自分は絶対にうつむかない、ということを肝に銘じておくといいであろう。

HACK 54

生活に笑いを取り入れる。

ものごとに悲観しやすく、心配性であることに悩んでいるのなら、自分の生活の中に、笑いを持ち込むのがいいアイデアだ。

お笑い芸人が出てくる番組を見るとか、落語や漫才などの寄席の舞台を見に行くとか、面白い漫画を読むとか、ユーチューブで面白い動画を見たりするとか、**1日に1回は、大笑いするような時間をとるようにしよう。**

ネバダ大学のウィリアム・ケリーによれば、心配ごとと、笑い（ユーモア）には、負の相関があるという。面白いことを考えたり、**面白いものを見て笑ったりする時間が多くなればなるほど、ものごとに対して心配することがどんどん減っていくのだ。**

また、ケリーによると、よく笑う人ほど、不眠になりにくいそうである。毎日、笑いのある生活をしていれば、夜もぐっすり眠れるのである。これは、大きなメリットであろう。

とにかく笑っていればいいのであるから、笑いのジャンルはなんでもいい。

ドタバタ喜劇が好きな人もいるだろうし、漫才が好きな人もいるだろうし、コメディ映画が好きな人もいるだろう。人が転ぶなど、ドジな瞬間をとらえた動画が好きな人は、それでもいい。基本的には、**どんなジャンルであってもかまわないので、自分が大笑いできるものを見つけよう。**

私の場合、テレビや映画を見ていると、どうも疲れてしまう体質のようで、私には漫画がいちばんである。私は、ギャグ漫画が大好きなので、荒唐無稽なギャグ漫画を読むと、いつでも大笑いできる。すでに読んだことがある漫画でも、やはり笑う。

また、私は綾小路きみまろさんが大好きなので、きみまろさんのＣＤなどを聞いて、何度でも笑っている。何度も、何度も聞いている話なのに、どうしてこんなに笑えるのかと自分でも不思議になってしまうくらい、よく笑える。そんな生活を送っているせいか、あまり悲観的に考えることが少ない。

毎日、大笑いする習慣をつけていると、小さなことでも笑えるようになってくる。つまり、ユーモア体質になることができるのだ。他人にとっては、くだらないことであっても、自分は大笑いできるようになるのである。こうなればしめたもので、悲観的な傾向はずいぶんと抑制されるであろう。

昼間、ものすごく落ち込むようなことがあったら、帰宅途中に面白いDVDなどを探して、夜にはそれを見ればいい。面白そうなテレビ番組を探すのもいい。そうすれば、いやな気持ちもどこかに吹き飛んでしまう。

「どうも最近、あまり笑ってないな」という自覚があるのなら、非常に危険である。自分でも知らないうちにネガティブ思考が増えているということは、可能性として十分に考えられるので、**なるべく日常生活の中に笑いの要素を取り込む必要があるといえるであろう。**

HACK 55

悪夢は気にしない。

私たちは、悪夢を見ると、とても心配になる。たとえば、自分が死んでしまう夢を見ると、「ひょっとすると、これは正夢で、よくないことが起きる前兆ではないか」と心配になってしまったりするのではないかと思う。

しかし、これに関しては、まったく問題がないといっておこう。

かりに、悪い夢ばかりを見てしまうのだとしても、そんなに心配することもない。なぜなら、それが普通だからである。

自分がお金持ちになる夢や、自分が好きな人とおつきあいできるような、そういうハッピーな夢を見ることができればいいのだが、実際には、悪い夢のほうが頻繁に見られやすいのである。

サンタクララ大学のジェリー・グロスは、人がどんな夢を見るのかの記録をとらせて、それを分析したことがあるのだが、なんと90％以上は、「悪夢」だったというのである。

幸せになれるような夢を見ることのほうが、実は珍しいことなのだ。

そういえば、私も坂道を転げ落ちていく夢をよく見る。空から落ちる夢も見る。あるいは、殺人鬼のような人物に刃物で追いかけられるような夢も見る。だれかに怒られている夢も見る。それでいて、楽しい夢というのは、あまり見ない。割合からいえば、やはり圧倒的に悪夢のほうが多いように思う。

読者のみなさんは、どうだろう。やはり、悪夢を見ることのほうが多いのではないだろうか。

しかし、それはごく普通であり、平均的なのだと思えばいい。

グロスの研究でわかっているように、**人間は悪夢を見ることのほうが多いのであって、何も心配はいらないのだ。**

悪夢を見たからといって、あわてて夢分析の本などを買ってきて、夢が何を意味するのかなどを調べる必要はない。第一、夢分析など、まったくのウソっぱちであって、根拠がまったくない。

ついでにいっておくと、私たちは、非常に疲れていたりすると、悪い夢をよく見る。**疲れた日には、悪夢を見るのが当たり前だと思っていれば、そんなに気に病むこともない。**

だれでもそうなのであって、自分だけではないと思えば、少しは安心できるのではないだろうか。

どうして人が夜に夢を見るのかは、実はまだよくわかっていないのであるが、その夢の内容はというと、悪夢のほうが圧倒的に多いのであって、それはだれでもそうなのであるから、あまり心配しすぎないことである。

HACK 56

よくないことは続かないと考える。

競泳の池江璃花子《いけえりかこ》選手が、20歳という若さで白血病になったことは記憶に新しい。おそらく、当人にとっては愕然《がくぜん》とするような出来事であったと思う。

若いのに、がんになってしまったり、交通事故に巻き込まれたりするのは、たしかに不幸なことであると思う。

しかし、**死に直面して、そこから生き延びると、かえってメンタルが強くなるということもあるのである。**

アリゾナ州立大学のリチャード・キニアーは、交通事故になったり、がんになってしまったり、心臓発作で奇跡的に一命をとりとめた人たちにインタビューし、「死に直面する前と後とで、何か変わりましたか？」と質問してみた。

その結果、生き延びた人たちは、お金や財産にあまり関心がなくなり、代わりに他人へのやさしさや奉仕精神が生まれた、と答えた人が多かったのである。

さらに、日常的な細々《こまごま》としたことにあまり心配したり、悩んだりしなくなり、「どうにでもなるさ」と気楽に考えられるようになった、という感想もたくさん見られた。

死に瀕《ひん》するような経験をすることは、大変につらいことである。

しかし、それを乗り越えてしまうと、かえってメンタルは強くなるという、ありがたい恩恵も受けられるようだ。

もし、みなさんが大きな病気になってしまったとしても、悲観しすぎてはいけない。病気になることで、かえって自分を見つめ直すことができるし、強靭《きょうじん》な心が手に入るチャンスなのだと考えたほうがいい。

私たちは、自分が体験したことがないことには、不安や恐怖を感じる。

だれも死んだことがないので、死ぬことにおびえるのも、自然な感情であると思う。しかし、それに対しておびえすぎていてもしかたがないのだし、かりに大病を患ったとしても、絶対に死ぬのかというとそんなこともないのだし、もし生き延びることができれば、メンタルも強くなるのだから、どうということはない。

かりに交通事故に遭ったとしても、必ずしもすべての人が不幸になるわけではない。だいたい、数カ月もすれば、元の状態に戻るのが普通である。

ノースウェスタン大学のフィリップ・ブリックマンは、交通事故で下半身麻痺になってしまった29名の人に調査を行っているが、事故に遭った直後には、たしかに自分はツイていないとか、気分が落ち込んでしまったものの、数カ月もたてば、元通りになることを突き止めている。

どんな悲劇が起きようとも、くじけてはいけない。

私たちは、どんな境遇からでも、そのうち立ち直ることができるのであるから。

HACK 57 自宅の周囲を速歩きする。

悩みを抱えているときには、自宅に引きこもっていてはいけない。身体を動かさないと、ネガティブなことばかりが頭に浮かんできて、収拾がつかなくなるからだ。

こんなときには、**気晴らしに外に出て、少し汗ばむくらいの速さで、速歩きをしてみるといい。**

ウォーキングは、心をスッキリさせるのに、とても効果的な方法である。たいていの悩みは、たっぷり歩いていれば、いつの間にか解消されてしまうものなのだ。

ノース・イースト・ルイジアナ大学のリンダ・パルマーは、29歳から50歳の抑うつ的な女性を集めて、2週間、毎日20分歩かせるという実験に参加してもらったことがある。なお、歩くときには、最大心拍数の60％から70％くらいのスピードで歩いてもらった。つまりは、速歩きをしてもらったのである。

すると、2週間後、目を見張るような結果が出た。ウォーキングをするようになると、実験に参加する前に比べて、自信が高まり、血圧が下がり、うつも治ったのである。また、悲観主義な性格が改められ、楽観的になったのだ。

ただ速歩きするだけで、ネガティブな思考は消えるのである。

「上司に小言を食らって、なんだかムシャクシャする」

「理由もなく、不安を感じてしまう」

「将来に、悲観的な考えしか思い浮かばない」

そんなときは、迷わずに外に出よう。そして、30分くらいその辺を歩き回ってみるのである。そうすると、頭の中がスッキリしてきて、悩むのがバカらしくなり、明るいことを考えられるようになるだろう。

身体をたっぷり動かしていると、同じようにネガティブな思考は浮かびにくくなる。身体を動かさないから、どんどん気分が落ち込んでいくのだ。

せっかくウォーキングをするのなら、より効果的なやり方についても覚えておこう。まずは、歩きやすいようなウォーキングシューズを履くことが大切だ。歩きにくい靴を履いていると、すぐに疲れてしまうからである。また、歩くときには、手を大きく振るようにしよう。さらには、身体にリズムをつけて、上下に弾むように歩いてみよう。そういう陽気な歩き方をしていると、さらに心も陽気になっていく。

出社する前に、軽くウォーキングしておくと、身体が活性化してきて仕事の能率も上がるであろうし、帰宅してからウォーキングすれば、1日のストレスを吹き飛ばすことができるし、心地よく安眠できるだろう。

ウォーキングは、ネガティブ思考を吹き飛ばすのに、まことに便利な心理術である。私は1日に1時間は歩いているが、ぜひ、読者のみなさんにも試していただきたい。

HACK 58

損得勘定で考える。

私たちには、打算的なところがあるので、自分にとって損になるようなことはなるべくしないようにするものである。

そこで、次のように自問自答してみるのだ。

「悲観的な人間のままだと、どれだけ自分は損をするのか？」と。

このように考えれば、**絶対に楽観的な人間のほうがトクをすることが認識でき、悲観的な性格を改善しようというモチベーションも高まるのではないかと思われる。**

だいたい、悲観的な人は、何をしてもダメである。

ペンシルベニア大学のハロルド・ズローは、1948年から1984年までの共和党、民主党の指名受諾演説を分析し、候補者が米国の状況（教育、経済など）について、悲観的なことを口にするかどうかを測定し、悲観的な候補者は、10回中9回の選挙で負けてしまうことを突き止めている。

ズローは、さらに1900年から1944年までに範囲を広げて分析してみたのだが、やはり12回の選挙で9回は負けることが判明した。

悲観的な人が負けてしまうのは、政治の話だけにとどまらない。

米国心理学会の会長も務めたマーティン・セリグマンの『オプティミストはなぜ成功するか』（講談社《こうだんしゃ》）という本があるのだが、セリグマンが調べたところ、**オプティミスト（楽観主義者）は、スポーツの世界でも、勉強の世界でも、ビジネスの世界でも、どんなところでも成功するのだそうである。**つまり、楽観的な人間になることは、ものすごく人生でトクをするのである。

ものごとにすぐ悲観してしまう人は、「このままではダメだ」という危機意識を持とう。そういう意識を持てば、本気で自分の性格を変えてやろう、という気持ちになるはずだ。

ダイエットを成功させることができる人は、「このままではダメだ」という強い決意を持って取り組む人である。性格を改善させるときもそうで、本人に強い決意がなければならない。そのためには、「悲観的な人間は、絶対的に損ばかりする」ということを強く自覚する必要がある。

受験勉強でもそうであろう。「一流の大学に合格すれば、絶対にトクをする」と思えばこそ、いやな勉強でもなんとかやり遂げようという気持ちが生まれるのである。**人間は、損得勘定で動くものだからだ。**

悲観的な人は、まず自分がどれだけ人生で損をしているのか、ちょっと性格を変えれば、どれだけ有益なのかについて思いをはせてみるといい。考えれば考えるほど、楽観的な人間に生まれ変わってやろう、という意志を持つことができるはずだ。

HACK 59

ウソでも明るい未来を想像する。

読者のみなさんは、「ピグマリオン効果」という心理学の用語を聞いたことがあるであろうか。

学校の先生が、「この生徒はきっと伸びるぞ」という期待を持っていると、本当にその子の成績が伸びてしまうことを、ピグマリオン効果と呼ぶ。「他者期待効果」とか、「教育者期待効果」などと呼ばれることもある。

実は、この効果は、自分が自分自身に向けての期待についても起きてしまうことが知られている。

「私は、どうせロクでもない人生を歩む」

そんな悪い期待を持っていると、本当にロクでもない人生を歩むことになるので注意が必要である。悪いことを想像していると、本当に悪い結果を引き寄せてしまうので、この点は十分に気をつけなければならない。

出来事というのは、私たちが期待する通りになっていく。悪いことを考えていると、それが自己暗示になって、心や行動にも影響を及ぼしてしまうからである。

ドイツにあるマンハイム大学のヨハネス・ケラーは、96名の男子大学生に、感情的知能を測定するテストを受けてもらった。

ただし、半数には「感情的知能は、女性のほうが高いのが一般的です」とウソをついておいた。そうやって、ネガティブな期待を抱かせてみたわけである。すると、テストの結果は、本当に悪くなってしまったのだ。

残りの半数には、「感情的知能は、女性のほうが高いと思われていますけれども、実際には、そんなことはありません」と告げておいたのであるが、こちらのグループの男子学生では、知能テストの結果も高かった。

結局、私たちは、どんな期待を持つかによって、パフォーマンスも変わってきてしまうのである。

自分に対して、悪い期待を持ってはいけない。逆に、良い期待のほうをたくさん持つべきである。いいことばかりを期待していれば、実際に、いいことばかりが起きるようにな

るからである。

ウソでもいいから、明るいことを考えよう。

「私は、5年以内に出世する」

「私は、将来、大きな豪邸に住む」

そういう未来を想像して、ニヤニヤしていたほうが、心の健康にもいいし、ピグマリオン効果によって、本当に夢がかなうはずである。

HACK 60

楽観的な人の真似をする。

もし読者のみなさんの周囲に、楽観的な人がいるのなら、その人を「モデル」として、その人になりきって行動するようにするといいであろう。モデルの人物の真似をしていれば、自分も楽観的な人間になれるからである。

身近なところにモデルがいないというのなら、**タレントの高田《たかだ》純次《じゅんじ》さんをモデルにするのはどうだろう。**高田さんといえば、「ミスター適当」「ミスター無責任男」などと呼ばれているが、つまらないことなどちっとも気にせず、大変お気楽に生きているイメージがあるからである。

「僕は、高田純次だ！」と思って行動するようにすると、くだらないジョークなども平気で口に出せるようになるし、たとえ失敗しても呵々大笑して適当にごまかしてしまうこともできるようになる。

私たちは、だれかの真似をしていると、その人と同じような人間になることができるの

だ。だから、演技でもいいので、本人になりきるということは、とても有効な方法なのである。

興味深いデータをひとつご紹介しよう。

ロシアにあるモスクワ大学のウラジミール・ライコフは、「私は、ロシアの作曲家セルゲイ・ラフマニノフだ」とか、「ウィーンの天才バイオリニスト、フリッツ・クライスラーだ」という自己暗示をかけて、本人になりきって楽器の演奏をしてもらった。

その演奏を専門家に聴いてもらうと、実際に高い評価をつけてもらえたというのである。本人がそう思い込むと、パフォーマンスは変わるのである。

またライコフは、フランスの数学者アンリ・ポワンカレになったつもりで、あるいは、ロシアの数学者アンドレイ・コルモゴロフになったつもりで、数学の試験を受けさせてみた。すると、やはり数学の得点はアップしたのである。

さらにライコフは、米国のチェスマスター、ポール・モーフィーになったつもりにさせてからチェスをやらせてみたのだが、やはりチェスが強くなったという報告も行っている。

他人の物真似《ものまね》をするのは、自分の性格や行動を変えるのに、ものすごく便利な方法だ。

「私は○○だ」と思い込み、その人になったつもりで演技していると、性格も行動も簡単に変えることができるのではないかと思われる。

「楽観的なタレント」といったキーワードで検索すれば、何人かのタレントの名前が挙がってくるであろうから、その中から、もっとも自分に雰囲気が似ている人を選んで、その人が出演しているテレビ番組や映画を見て、その人になりきって自分も演技をするようにしてみよう。きっと、みなさんも楽天的な人間になれるはずだ。

HACK 61

客観的なデータをとる。

ネガティブ思考の人は、単なる思い込みでネガティブ状態に陥ってしまっていることも少なくない。そのようなときは、**客観的に、きちんとしたデータをとってみると、自分の思い込みのおかしさに気づくことができる。**

「私には、不幸なことばかりが起きる。きっとツイていない人間なんだ」とネガティブに思うのであれば、良いことと、悪いことの記録を、手帳にでもつけてみるといい。

1週間くらい記録をとってみて、改めて、幸・不幸の度合いを客観的に判断してみよう。

もし1週間に、楽しいこと、うれしいことが8回あり、ツイていないことが2回起きたのだとしたら、「私はツイていない人間なんだ」という思い込みが、まったくの誤解であることがはっきりする。良いことのほうが、4倍も多く起きているのだから。

ネガティブな人は、単なる思い込みで、ネガティブになっている。

そういうことは、よくある。

ノースカロライナ大学のローレンス・サンナは、悲観的な人と、楽観的な人に、10日後に行われる試験についての得点を予想させてみた。すると、悲観的な人は、ものすごく悪い得点を予想することがわかった。

ところが、10日後に実際に試験をやってみると、悲観的な人と、楽観的な人のグループにはまったく差がなかったのだ。100点満点の試験で、悲観的なグループは88・11点、楽観的なグループは87・00点と、ほとんど同じだったのである。

悲観的な人は、なぜか悪いことを予想してしまう。

しかし、もしデータをきちんととるようにすると、自分の思い込みが根拠のないものであることがわかり、少しは自分の判断も改められるのではないかと思われる。

「私は、職場のだれからも相手にされていない」と感じて、心がしょげているのなら、実際に相手にされていないと言われるだけの根拠があるのか、きちんとデータをとってみればいい。

「自分に挨拶をしてくれた人の数」「こちらから挨拶をしたら、挨拶を返してくれた人の数」「仕事中に声をかけてくれた人の数」「一緒にランチにつきあってくれた人の数」などの指標をつくってみて、それぞれにデータをとっていくのである。

データは自分がわかればいいので、単純なものでいいであろう。声をかけてくれる人がいるたびに「正」の字を、ひとつずつ加えていけばいい。そういうデータをとれば、「なあんだ、仲間外れにされていると思っていたけど、そうでもない」ということが、**客観的な指標として自分でも理解できるようになるだろう。**

自分が太りすぎていて、もっと痩せなければならないとネガティブに感じているのなら、すでにある統計のデータを調べてみるのもいい。

たとえば、45歳の女性で、身長が160センチ、体重が55キロの人がいるとする。「せめてあと6キロは痩せて49キロにならなければ」と思って悩んでいるのだとしたら、厚生労働省の統計白書（身長・体重の平均値、性・年次×年齢別、平成29年度）を調べてみるのである。そして、自分の身長と体重に当てはまるところを調べてみると、40〜49歳女性の平均身長は158・2センチ、平均体重は55・8キロという数字が見つかる。**これを見れば、「なあんだ、私の体重は全国で見ればごく普通なんだ」ということでホッと胸をなでおろすことができる。**データを見れば、ダイエットの必要などないということが、はっきりわかるのである。

HACK 62

プレッシャーは当たり前と考える。

「私は、肝っ玉が小さくて、どうにもなりません」

「すぐにドキドキしてしまって、力が出せないのです」

まずいっておきたいのは、こんなふうに感じるのは、だれだってそうなのだ、ということである。**別に、自分だけがプレッシャーに弱いのでなく、どんな人だってプレッシャーに弱いのである。**

この点をしっかり認識しておけば、「プレッシャーに負けるのなんて、当たり前」と気楽に考えることができる。自分だけが特別に肝っ玉が小さいわけではないということがわかるからである。

スポーツのプロ選手も同様だ。

彼らも、プレッシャーの影響は受ける。彼らは、プロであるだけに、心理学者などからメンタルを強化するための訓練も受けているはずだ。にもかかわらず、やはりプレッシャーを感じて自滅することが多い。

プロである彼らでさえ、プレッシャーには負けるのだから、素人である私たちなら、なおさらプレッシャーの影響を受けるのは、当然すぎることなのだ、と割り切って考えるといいであろう。

ノルウェー・スクール・オブ・スポーツ・サイエンシィズのジョーデット・ゲーアは、ワールドカップ、ヨーロッパ・チャンピオンシップ、UEFA（欧州サッカー連盟）チャンピオンシップのペナルティ・キック359回分についての分析を行っている。

ゲーアは、キックが勝利につながるときより、キックがそのまま負けにつながるときのほうが、プレッシャーは大きいだろうという仮説を立て、それを検証してみたのだ。

分析してみると、自分のキックがそのまま負けにつながるときのほうが、キッカーは外すことが多いことがわかった。

ビデオで分析してみると、息がつまる状況では、キッカーは、ゴールキーパーと目を合わせず、キックまでの準備が早く、すぐにボールを蹴ろうとすることもわかった。息がつまる状況から、さっさと解放されたかったのであろう。

プロの選手でも、プレッシャーがかかった状況では、普通にミスをするのである。ましてや、素人の私たちなら、なおさらであろう。

プレッシャーを感じてミスをするのは、人間ならだれでも当たり前なのであり、もしプレッシャーに負けたとしても、恥だと感じないほうがいい。自分をいじめて、落ち込む必要など、どこにもないのだから。

HACK 63 ネガティブなものから目を背ける。

ネガティブな気分になりやすい人は、自分の気分が悪くなるようなものを、選んで知覚する傾向がある。

たとえば、公園に出向いたとしよう。

せっかく公園に来たのであれば、美しい花々や、心を和ませる噴水などの光景を楽しめばいいのに、なぜかネガティブな人は、ベンチの下に捨てられたゴミや、犬のウンチなどばかりに目をやるのである。いやなものを見て、わざわざネガティブな気持ちになるのだ。

ブランダイス大学のデレック・アイサコウィッツは、楽観的な人と、悲観的な人を集めて、さまざまなスライドを見せてみた。スライドには、ネガティブな気分にさせるもの（皮膚がんになった人の皮膚など）と、ニュートラルなもの（直線でできたデザインなど）があった。

そのとき、彼らがどこに目を向けるのかを、視線を追跡する装置（アイ・トラッキングという）で分析してみたのだ。

すると、**楽観的な人は、ネガティブな対象が入っているスライドが映し出されたとき、視線を避けて、そういうものを見ようとしないことがわかった。**悲観的な人はというと、そういうものを凝視する傾向がわかった。

楽観的な人は、ネガティブなものを見ると、自分の気分がネガティブになってしまうことを経験的に知っていて、だからこそ、そういうものには目を向けないのだ。「臭いものにはフタをする」という作戦をとっていたのである。

悲観的な人は、わざわざネガティブになるようなものを見てしまう。だから、ネガティブになるのである。

悲観的な人は、楽観的な人を真似て、ネガティブなものには、意識を向けないようにするのがポイントだ。

上司が気に入らないというのなら、上司の姿を自分の視界に入れなければいいのだ。上司を見ていると、ムカムカ、イライラするのは当たり前である。嫌いな上司ではなく、職場にいるステキな美人やイケメンでも眺めていたほうが、はるかに気分がいいはずだ。

マナーの悪い人を見ると不快な気分になるというのなら、満員電車の中で、足を開いてシートに座っている、マナーの悪い人のほうを見ないようにすればいいのだ。電車の車窓から見える、きれいな自然でも眺めていたほうが、はるかに心は落ち着く。

ネガティブな対象を、できるだけ知覚しないようにすると、ネガティブな感情も起きようがない。そうやって、ネガティブな感情が起きないように手を打つことも大切である。楽観的な人は、無自覚に、そういうことをやっているようなのだ。この点は、私たちもぜひ見習いたいポイントである。

HACK 64

早起きを習慣化する。

読者のみなさんは、朝型、夜型でいうと、ご自分のことをどちらだと思うだろうか。

もし夜型だというのなら、要注意。なぜなら、メンタルが弱い人には、共通して夜型である、という傾向が見られるからだ。

リチャード・ストックトン大学のデビッド・レスターが調べたところ、**朝型と夜型で分けると、夜型の人のほうが、抑うつ的で、絶望感も高い、ということがわかったという。**

夜型の人には、そういう傾向があるのだ。

「夕方以降のほうが、テンションが上がってくる」

「午前中は、どうもやる気が出ない」

「朝、起きるのがとても大変」

そういう自覚症状があるのなら、間違いなく夜型人間になってしまっている。できるだけ早起きの習慣を身につけ、朝型人間へと生まれ変わろう。

朝型とか、夜型といったものは、生まれつきの資質などではなく、単なる生活習慣。したがって、本人が変えようと思えば、いくらでも変えることができるものである。

たとえば、夜更かしすることが多いのなら、少しずつ就寝時間を早めるのだ。そうすれば、自然と朝型人間になっていく。

朝になっても起きることができないというのなら、部屋のカーテンを閉めずに眠るようにするのもいい。朝になって、太陽が出てくれれば、まぶしくて寝ていられず、自然に目が覚めるからである。

朝型人間になると、抑うつや絶望感を抱きにくくなるだけでなく、ほかにもメリットがある。

ミシガン州立大学のバーバラ・ワッツによると、朝型人間は、すべてのものごとに積極的で、何かを成し遂げたいという欲求を強く持ち、時間のムダを嫌い、リーダーシップも高い、という傾向があるという。

夜型人間は、すべてに積極性がなく、ダラダラと時間を使うタイプが多いので、これでは仕事もうまくいかない。

できるだけ早く、夜型であるのをやめて、朝型人間になったほうがいい。

朝型人間で成功した、という人の話はよく聞くが、夜型人間で成功した、という人の話はあまり聞かないのは、夜型人間が基本的にやる気も何もないからであろう。そういう人は、何をやらせてもうまくいかない。

いったん生活習慣を変えて朝型人間になってしまえば、朝もそれほど苦労することなくちゃんと起きることができる。しばらくは早起きして眠いと感じるかもしれないが、早ければ2週間ほどで苦労しなくなるので、それまで頑張ってみてほしい。

すごい
メンタル・ハック
13

Chapter
5

ぶれない鋼鉄の心をつくる！

HACK 65

ルーティンを決める。

いつでも自分にとっての最高のパフォーマンスを発揮したいのであれば、なんらかの「ルーティン」をつくっておくといい。

ラグビー元日本代表の五郎丸歩《ごろうまるあゆむ》さんは、キックをするときに、ピストルのように指を組む独特のポーズをとるルーティンをやっていたし、元メジャーリーガーのイチローさんも毎回、バッターボックスに入るときには、決まったルーティンをしてからバットをかまえていた。

ルーティンをすると、それがいってみれば〝やる気スイッチ〟になって、「さあ、やるか！」という心理状態をつくるのに役立つのである。

ノースカロライナ大学のダニエル・ゴールドは、ソウル・オリンピックに出場したレスリング選手全員（フリースタイル10名、グレコローマンスタイル10名）に対して、「あなたにとっての最悪の試合について教えてほしい」と尋ねてみた。

すると、最悪の試合では、ルーティンをやらなかったと答えた選手が53%もいたのである。試合前に、関係のないことなどを考えてしまって、ルーティンをおろそかにした結果、ベストのパフォーマンスができなかったと答えたのである。

ルーティンを決めることは、非常に重要である。

これは、スポーツの世界にかぎらない。

仕事にとりかかるときも、たとえば、腕を回してみるとか、コーヒーを1杯飲むとか、軽く柔軟体操をしてみるとか、自分なりのルーティンを決めておこう。

仕事にとりかかるたび、そのルーティンを欠かさずにやっていると、そのうち、ルーティンをするだけで、どんどん心にやる気が出てくるはずだ。ルーティンが、自分にとってのやる気スイッチになればしめたもので、いちいち「やる気を出さなきゃ」などと、自分を奮い立たせる必要がなくなる。

ドイツの文豪フリードリヒ・シラーは、いつでも机の中にリンゴをしまっておき、執筆にとりかかるときには、必ずその匂いを嗅いでから始めるという面白い行動をとっていたといわれている。おそらく、シラーにとっては、リンゴの匂いを嗅ぐことがルーティンになっていたのであろう。

心理学には、「**条件づけ**」という古典的な理論がある。読者のみなさんも、パブロフの犬という言葉はどこかで聞いたことがあるのではないかと思われる。犬にエサをあげるとき、毎回、ベルの音を聞かせていると、そのうち、ベルの音を聞いただけで、犬がよだれを流すようになるのが条件づけだ。

ルーティンもこれと同じで、**いったんなんらかのルーティンでやる気スイッチが条件づけられると、そのルーティンをするたびに、いっぺんにやる気を出すことができるようになるのである。**

HACK 66

他人のルーティンを真似する。

ルーティンを持つことはとても効果的なやり方であるが、では、いったいどんなルーティンがいいのだろうか。

ルーティンについては、基本的に正解というものはない。どんな行動であってもかまわない。それによって自分のやる気が引き出され、他人に変な目で見られないような行動であれば、どんなものでもかまわないのではないかと思う。

とはいえ、**自分でルーティンが決められないのであれば、他人がやっていることを、そのまま真似するのもいいであろう。**あるいは、自分で決めるのではなく、他人に決めてもらってもいい。それでも十分に効果的だからである。

ドイツにあるケルン体育大学のフランジスカ・ローテンバッハは、24名のテニス経験者の全員に同じルーティンを学ばせるという実験をしたことがある。

ルーティンの流れは、こうだ。まずボールを見つめ、2~3回深呼吸する。次に、サーブを打ち込む場所をじっと見つめ、次に、足元を見つめて、ボールを8回弾ませる。それから、もう一度サーブを打ち込む場所に目をやり、ボールの軌道をイメージし、サーブをするのである。

全員がこのルーティンを学んだわけだが、**4週間のトレーニングのあとで調べてみると、フォールトの数が格段に減ることがわかった。**ルーティンは、他人に押しつけられたものであってもOK、ということをこの実験は示している。

会社によっては、仕事を始める前に、全員でラジオ体操をするところがある。

「いい年をした大人が、ラジオ体操でもあるまい」と思われるかもしれないが、全員で汗ばむほど真剣にラジオ体操をすると、仕事の能率がものすごくアップする、という話を聞いたことがある。

おそらくは、**全員で取り組むラジオ体操が、いわばルーティンのような役目を果たし、社員全員のモチベーションを高めるのではないかと思われる。**だから、パフォーマンスも向上するのだ。

全員で、社歌を歌うのもいいであろうし、全員で、「おはようございます！」と声出しをするのもいいであろう。基本的に、ルーティンはどんな行為でもいいのである。

もし、職場全員のパフォーマンスを高めたいのであれば、適当に仕事を始めるのではなく、全員でなんらかのルーティンを一緒にやってみるのもいいアイデアだ。私が経営者なら、おそらくは従業員全員に、一緒になんらかのルーティンをやらせると思う。同じルーティンを全員がやることによって組織の一体感も高まるし、仕事の能率もアップするだろうと期待できるからである。

HACK 67

自分を撮影する。

パフォーマンスを向上させたいのであれば、自分が作業をしている姿を、だれかにビデオで録画してもらうといい。**ビデオで自分の作業を確認すると、いろいろなことを学ぶことができるからである。**

たとえば、みなさんが商品を梱包《こんぽう》する作業をしているとして、その姿をビデオで見てみると、「なんだか、僕はムダな動きが多いな」とか、「なんだか、姿勢が悪いな」ということにはっきり気がつくことができるのである。

パワーポイントを使った商品説明をするときには、部屋の隅にでもビデオを置かせてもらって、自分のプレゼンをビデオに録画してみるといい。そうすれば、自分がどれだけうまく説明できているのか、あるいはどこを改善すればいいのかが、すぐに理解できるからである。

自分で、自分の行動を客観的に眺めてみることを、**「セルフ・モデリング」**という。

スポーツの世界では、自分の練習風景などをビデオで録画しておき、それをあとで確認するという、セルフ・モデリングがよく使われている。

カナダにあるオタワ大学のアマンダ・ライマルは、10名の高飛び込みの選手について、大会前に、自分の飛び込みのビデオをくり返し視聴させるという実験をしたことがあるのだが、自分の姿を見ていると、モチベーションが上がったり、自信がついたりすることがわかった。

セルフ・モデリングは、いろいろな場面で役に立つ。

歌を上手に歌いたいのなら、ひとりでカラオケに出かけて、自分が歌っているところを録画、録音してみるといい。そうすれば、自分の歌い方のどこが悪いのかがよくわかる。

自分の姿を見たり、自分の声を聞いたりするのは恥ずかしいものであるが、そういうセルフ・モニタリングをやっていると、歌は格段に上達する。

私たちは、自分のことについては、なかなか客観的な目で見ることができない。「そんなに悪くもないだろう」と思い込んでしまうからだ。

ところが、ビデオなどにしっかり録画したものをあとで見てみると、「うわっ、こんなに下手なのか……」ということが客観的に判断できるのである。おそらく、初めてセルフ・モデリングを試みる人は、自分の能力や実力のなさに驚かれるはずだ。

友だちとスキーやスノーボードをしに出かけるなら、お互いにかわるがわる、お互いの滑りをスマホで録画し、あとでそれを確認し合うといい。漫然と滑っているより、上手に滑ることができるようになるからである。

営業に出向くときには、こっそりレコーダーでやりとりを録音させてもらい、そのやりとりをあとで振り返れば、自分の話力を高める助けにもなるだろう。

HACK 68

結果を心配しない。

一流のプロ選手ほど、そのプレッシャーは測り知れない。なぜなら、「勝つ」ことを宿命づけられているからだ。

「あの人なら、勝てるはず」

「あのチームなら、絶対に優勝！」

周囲からは、そういう重圧をかけられやすい。その分、普通の選手より、非常に大きな重圧を感じることになる。

ニュージーランドにあるオタゴ大学のケン・ホッジは、2004年から2011年までのニュージーランド・オールブラックスを分析してみたことがある。オールブラックスといえば、世界最強のラグビー・チームとして知られている。当然、常に勝つことが求められているといっていい。

ニュージーランドの国技は、ラグビー。しかもオールブラックスの勝率は75％以上。そのため、とてつもないプレッシャーにさらされていて、2007年のラグビー・ワールドカップで準々決勝で負けたときには、地元メディアでさんざんな酷評で取り上げられたという。

そんなオールブラックスのコーチや監督は、どうやって選手たちのプレッシャーを減らしているのかをホッジは分析してみたのである。

ホッジが調べてみると、コーチたちは、選手たちのプレッシャーを減らすために、リラックスさせるようなことはしていなかった。むしろ、**プレッシャーを上手に「やる気」に変化させるようなことをしていた。**

たとえば、「プレッシャーは、強い人間だけの特権だ。強さが認められているということなのだ」と教えたり、「プレッシャーをかけてもらえるなんて、ありがたいことだ」と教えたりしたのである。

その結果、選手たちはプレッシャーをやる気に変えることができ、2011年と2015年のワールドカップでは見事に優勝することができた。

せっかくプレッシャーをかけてもらえるのであれば、それをやる気に結びつけてしまうのもいいアイデアだ。

「みんなに期待されるなんて、自分は果報者だ」と思うようにするのである。そうすれば、やる気が出てくる。

ただし、結果については、あまり心配してはならない。「どんな結果になるのかは、やってみなければわからないのだし、心配するのをよそう。とにかく、自分は目の前の課題を黙々と練習でこなしていけばいい」と考えるのである。

周囲の人たちが、勝つことを期待しているからといって、「なんとしても期待に応えねば！」と思うと、プレッシャーになってしまうので、「期待されるのはありがたいことだが、結果についてはわからない」と、考えるのをやめることである。

HACK 69

よくない結末を考えない。

私たちは、「リラックスしなければ」と思うと、リラックスできなくなり、「明日は早いのだから、眠らないと」と思うと、余計に眠れなくなってしまう。こういう現象は、〝皮肉効果〟と呼ばれている。

考えれば考えるほど、皮肉なことになってしまうので注意しよう。

英国バンガー大学のマシュー・バーロウは、大学のサッカーリーグに所属する男子選手に、20回のペナルティ・キックを2セットやってもらった。

幅100センチ、高さ240センチのエリアには、「ターゲット」が用意されていて、蹴る人はそこに蹴り込むと1回につき10点がもらえることになっていた。

なお、ターゲットの右側には、同じく幅100センチ、高さ240センチの「皮肉なエラーゾーン」が設定されていて、そこに蹴り込んでしまったら、マイナス5点である。ターゲットの左側にも、やはり幅100センチ、高さ240センチのゾーンが設けられたが、そちらに蹴り込んでもポイントはもらえないが、マイナスされることもなかった。

また、バーロウは、50項目の心理テストで、参加者たちが神経質で、考えすぎる傾向があるかどうかも調べておいた。

すると、**神経質な人ほど、「皮肉なエラーゾーン」にたくさん蹴り込んでしまう**、ということがわかった。

神経質な人は、「あそこにだけは、蹴り込まないようにしなければ」と考えすぎる結果、そちらに集中してしまい、そこに向かって蹴り込んでしまうのである。まことに皮肉なことが起きるのである。

「○○だけは考えないでください」という指示を出されると、考えてはいけないはずの、その「○○」ばかりが頭に浮かんでしまう。こういう皮肉効果を避けるためには、**別のまったく関係のないところに意識を向けることである。**ほかのことについて考えていれば、皮肉効果は起きなくなるからだ。

たとえば、試験を受けるときには、「リラックスしなければ」などと考えると、かえって緊張してきてしまうので、「試験に合格したあとの、楽しいキャンパスライフ」について空想するのである。こうしていれば、緊張が高まるということもない。

身体のどこかが痛いときにも、皮肉効果は起きる。

「イテテ、なんだかヒザが痛いな」と感じている人がいるとして、「ヒザの痛みを感じないようにしないと」と考えると、余計にヒザの痛みが気になってしかたがなくなるので、やはりまったく関係のないことを頭に考えるのである。そうすれば、痛みのほうもそんなに気にならなくなる。

HACK 70

完璧を目指さない。

仕事に関しては、完璧主義ではなく、合格点主義のほうがいい。**「100点でなければダメ」ではなく、「70点で合格」という考え方をするのである。**

何ごとも完璧にやろうとすると、とんでもない時間、とんでもない労力を必要とする。そんなことをしていたら、精神的にキツイと感じるのも当たり前だ。

英国ヨークセントジョン大学のアンドリュー・ヒルによると、完璧主義の人ほど、燃え尽き症候群に陥りやすいという。

完璧にやろうという意気込みは立派なものであるが、いつでもそんなことをしていたら、身体的にも、精神的にも測り知れないダメージを受けることになるので注意が必要である。

その点、**「まあ、70点くらいでいいだろう」と考えて仕事をするのであれば、精神的にはものすごくラクである。**もちろん、たまには100点を目指してもかまわないのであるが、基本的には、合格点主義。これが、もっとも疲れない。

読者のみなさんは、**「パレートの法則」**という法則をご存じだろうか。

だいたいの仕事というのは、本当に大切なのは2割くらいで、残りの8割はそんなに売り上げに貢献しないとか、そんなに成績に影響しない、というのがパレートの法則だ。

というわけで、全力で取り組むべき仕事は2割。ここでは、完璧主義を目指してもいい。なぜなら、結果にものすごく影響してしまうからだ。

けれども、**残りの8割については、合格点主義でいこう。まあ、ほどほどというか、適当に手を抜くのである。**それでも、結果にはそんなに影響しないはずだ。

報告書を書くときでいえば、最初のページは相手にもしっかり精査されやすいので、ここでは絶対に手を抜かない。しかし、**途中については、読む人も適当に斜め読みすることが多いので、ここはそんなに力を入れなくていい。**そして、最後の結論部分はやはりしっかり熟読されやすいので、ここも入念に書くのである。こんなやり方で報告書を書くと、十分に合格点の内容になる。

人間関係も同じだ。

いつでも、理想の完璧な人間を演じるのは、ひどく肩がこる。だれからも好かれようとして、だれに対しても愛想を見せていたら、疲れすぎて、人間関係自体がわずらわしいと感じるようになってしまう。

その点、多少はいいかげんというか、そんなに完璧な人間になろうとしすぎなければ、自然体のままでいられる。そちらのほうがいい。

HACK 71

応援してくれる人を見つける。

人間は、とても弱い存在だ。どんなにメンタルが強そうに見える人でも、人間であるかぎり、ひとりでは生きていけない。

実のところ、「鋼鉄のようなメンタル」の持ち主でも、気分が落ち込むこともあるし、調子が出ないことだってある。では、そういうときにどうするかというと、**自分を助けてくれる人のところに出向いて、相談に乗ってもらったりするのである。**

いざとなったら、だれかに支えてもらえるというのは、非常に心強い。

そういう人が、何人かいるからこそ、鋼鉄のメンタルを保てるのである。

カナダにあるオタワ大学のナタリー・デュランドブッシュは、少なくとも2回のオリンピックや世界選手権でメダルを獲得している男女のプロ選手に、どうすれば安定したパフォーマンスができるのかをインタビューしてみた。

その結果、彼らが口をそろえて答えていたのは**「人間関係が重要」**ということであった。

結婚している人でいうと、悩んだときには奥さんに愚痴を聞いてもらうとか、頭をなでてもらうとか、抱きしめてもらったりするのである。そうやって心を落ち着かせているので、安定したパフォーマンスができるのだ。

一流の選手は、自分の実力だけで一流にまでのし上がっていけたのかというと、そうではない。

デュランドブッシュによると、**一流の選手ほど、配偶者、両親、子ども、チームメイト、スタッフなどと良好な人間関係を保つことを重視しているという。**人間関係をないがしろにしているわけではないのだ。

「いざとなったら、〇〇に泣きつけば私を助けてくれるだろう」という人がいるからこそ、私たちは心強くなることができる。逆にいうと、そういう人がいない人は、やはりメンタルも弱くなってしまう。

一般に、独身者より、既婚者のほうがメンタルは強い傾向があるのだが、既婚者には、配偶者と子どもといった家族が、自分にとっての精神的な支えになってくれるということが大きいであろう。

自分を助けてくれる人がいると、「自分のため」ではなく、「他人のため」に頑張ろうという意欲も生まれる。

「愛する子どものためならば」「これまでお世話になった監督の恩義に報いるためならば」という理由があると、人間は、自分のこと以上に頑張ることもできるのである。自分ひとりで生きているつもりになっている人には、こういう意欲も生まれようがない。

メンタルを鍛えたいのであれば、まずは普段の人間関係をよくすることだ。**人間関係をよくしておけば、周囲の人たちが助けてくれる。**

そういう保険をかけておくからこそ、私たちは安心していられるのだ。

HACK 72

筋トレをする。

メンタルを鍛えたいのであれば、まずは筋トレをしよう。

「えっ⁉ 私が鍛えたいのは、筋肉ではなくて、メンタルなのですが……」

と思うであろう。

しかし、何も冗談で筋トレをすすめているわけではない。**私たちの意志力、精神力といったものは、筋力とも大いに関係しているのだ。**

だいたいメンタルが弱い人間は、筋肉もなくて、ナヨナヨしているものなのだ。

英国ヨークセントジョン大学のリー・クラストは、メンタル・タフネスを測定する心理テストを実施する一方で、利き腕で重りを持ち、腕をまっすぐに伸ばしたまま、できるだけ我慢させるという実験をしたことがある。

すると、メンタル・タフネスの力が高い人ほど、重りを持って腕を伸ばしていられる時間が長いことがわかったのだ。

精神力と、筋力は、密接に結びついているのである。

メンタルを鍛えるのは、なかなか難しい。デパートで欲しいものを見つけても、1週間くらい我慢してみるとか、自分がやりたくないことを無理にやってみるとか（庭の雑草とりなど）、そういうことで精神力を鍛えることは可能ではあるものの、そういう状況がいつでも都合よくあるわけではない。

その点、**筋力のほうは、鍛えようと思えば、毎日鍛えることができる。**

ダンベルなどを買ってこなくとも、腕立て伏せや腹筋なら、自宅で、いつでもできる。つまり、鍛えようと思えばいつでも鍛えられるというメリットがあるのだ。

筋トレもたしかに苦しいものであるが、そういう苦しさを乗り越えることで、メンタルのほうも少しずつ鍛えられていく。

メンタルが弱い人は、とにかく筋力アップを目指せばいい。

筋力がアップしてくれば、それに引っ張られるような形で、メンタルのほうも強くなっていくはずだ。メンタルそのものを鍛えようとするよりは、筋トレのほうがはるかにたやすく実行できる。

身体に筋肉がついてくると、メンタルが強くなるので、自分に自信を持てるようになる。

身体も引き締まってくるので、外見もよくなるし、健康にもいい。筋トレには、たくさんのメリットがあるのだ。

なお、筋トレをするときには、最初から無理をしないことも大切である。筋トレをしたことがない人は、本当に軽いところからスタートするのがよく、いきなり何十キロもある重りを持ち上げようとしないほうがいい。かえって身体を痛めてしまうからである。

筋力がついてくると、メンタルが強くなってくることも実感できるようになる。メンタルが弱い人は、とにかく筋トレから始めよう。それがいちばん確実な方法だ。

HACK 73

握りこぶしをつくる。

私たちのメンタルは、筋力とも関係しているという話をした。

さらに話を続けると、もし一時的にメンタル力を高めたいのであれば、手をギュッと固く握りしめ、握りこぶしをつくってみるといい。

作業をするのが億劫《おっくう》に感じるのなら、「さあ、やるか！」と掛け声をかけて、握りこぶしをつくろう。仕事で、もうひとふんばりしたいときでもいい。やはり、「ヨシッ！」と掛け声を出して、手を拳骨《げんこつ》の形にしよう。そうすれば、心にやる気が出てくる。

シンガポール国立大学のアイリス・ハンは、筋肉に力を込めることは、意志力を高めることに役立つという現象を実験的に確認している。

ハンは、ペンをしっかり握り込ませ、筋肉に力を込めさせるグループと、ペンを人差し指と中指ではさむという、あまり力が入らない状態にさせたグループとでは、やりたくないことをしなければならないときに大きな差が出ることを突き止めた。手を固く握らせたグループのほうが、やりたくないことでもやってやろう、という気持ちを高めることができたのである。

どうにもならないほど、仕事がやりたくないときがある。

人間なら、だれにだって、そういうときはある。

しかし、そうはいっても、仕事は仕事として片づけなければならないときがある。こんなときには、握りこぶしをつくるといい。そうすれば、自然と意志力も高まるからである。ちょっとした裏ワザとして覚えておくと便利だ。

気分にムラがあって、何もしたくないことが多い人も、握りこぶしをつくれば、それなりにやる気は出てくるものである。

では、なぜ握りこぶしをつくると、意志力が高まるのだろうか。

その理由は、握りこぶしが、戦闘を連想させるスタイルだからだ。握りこぶしをつくる状況というのは、だれかを殴るときの状況である。**握りこぶしをつくると、私たちの脳みそは、戦闘が始まるのではないかと思い込み、戦闘に適当な準備状態をつくろうとする。身体を活性化させるのだ。**そのため、意志力も同じように高まるのである。

一部の進学校や、予備校などでは、生徒たちを起立させ、「やるぞ！　やるぞ！　やるぞ！」と握りこぶしを高らかに上に突き上げさせたりするという話だ。会社でも、それに近いことをやらせるところがある。

こういう動作は、心理学的にいっても非常に効果的だ。握りこぶしをつくり、筋肉に力を込めることは、攻撃性を高める働きをする。攻撃性というのは、積極性とほとんど同じであり、前向きな心をつくるのに役立つのだ。

HACK 74

自分自身と会話をする。

メンタルが強い人には、共通して見られる特徴がある。それは、しょっちゅう自分自身と会話をしている、という特徴だ。

「ようし、いいぞ。このまま最後まで終わらせちゃおう！」

「いいね。今日の俺は、絶好調じゃないか」

「落ち着いていけよ。落ち着いていけば、大丈夫なんだから！」

メンタルが強い人は、こんなふうにどんどん自分に話しかけて、心を落ち着かせたり、逆に、勇気を奮い起こしたりしているのである。

心理学では、自分自身に話しかけることを「セルフ・トーク」と呼んでいるのだが、メンタルが強い人は、みなセルフ・トークがうまい人である、ともいえるであろう。

フロリダ州立大学のコリー・シャファーは、大学生のアスリート68名に、試合のときにどのような作戦をとっているのかを教えてもらったことがある。調べたアスリートは、陸上やバスケットボールなど、さまざまな分野のスポーツ選手であった。

その結果、彼らが試合のときによく使っている作戦は、**「セルフ・トーク」**であることがわかった。彼らは、試合中にも、しょっちゅう自分との会話をしていたのである。

メンタルが弱いという自覚があるのなら、おそらくは、自分自身との会話が足りないのだ。**ものすごく積極的なもうひとりの自分を心の中でつくりあげ、もうひとりの自分に励ましてもらったり、勇気づけてもらったりすればいい。**

「なんだか、月曜はやる気にならないんだよね〜」

「おいおい、そんなことを言うなよ。週の前半に仕事を片づけておけば、週末にラクができるだろう」

「なるほど、じゃ、もう少しやっておくか」

「そうそう、それでいいんだよ！」

こんな会話を頭の中でやってみるのである。

自分ひとりで、そんなにうまく会話ができるのかと思われるかもしれないが、**セルフ・トークは、練習すればだれでもうまくできるようになってくる。**どんどん頭の中で会話をしよう。くだらない会話でもかまわない。くだらない世間話をもうひとりの自分としていれば、心が落ち着いてくる、ということもあるからだ。

実際に声をかけて会話ができる友人や家族などがいれば、そちらとおしゃべりしてもいいのだが、そういう人たちが、いつでも都合よく自分のことを勇気づけてくれるかというと、そんな保証はどこにもない。こちらが、「やる気が出ないんだ」と相談すると、「それなら、会社を辞めちゃえよ」と投げやりなアドバイスをしてくる可能性もある。

その点、セルフ・トークは、自分にとって都合のいいことばかり（ほめ言葉、励ましの言葉）を言ってくれるのであるから、非常に気持ちよく会話ができるというメリットもあるのだ。

HACK 75

いい結果をイメージ・トレーニングする。

頭の中で、自分のパフォーマンスをくり返すことを、イメージ・トレーニングという。「イメトレ」という言葉はよく聞くが、果たして本当に効果があったりするのだろうか。

結論から先にいうと、イメージ・トレーニングは本当に効果的であるようだ。

しかも、プロの人だけでなく、ビギナーにとっても、イメージ・トレーニングは効果的であるということを示すデータがある。

フランスのスポーツ研究所のM・ブロージーンは、一度もゴルフをやったことがない未経験者ばかりを23名集めて、50メートルのアプローチ・ショットを13回やらせてみた。軽く練習がすんだところで、ブロージーンは、半数の人にはイメージ・トレーニングをやらせた。目を閉じて、ボールの軌道や、地面にボールが落ちてからどのように転がるかをイメージさせたのである。

比較のための条件では、ほかのグループがイメージ・トレーニングをしている間、卓球かテニスをやっていてもらった。

それから、もう一度50メートルのアプローチ・ショットをやらせてみると、**イメージ・トレーニングをしていたグループのほうがはるかに上手にできるようになっていたのである。**イメージ・トレーニングは、ビギナーにとっても有効なやり方だといえるのだ。

人と会話をするのが苦手だというのなら、頭の中で、相手とスムーズに話している自分の姿をイメージするといい。相手がこんなことを言ってきて、それに対して、自分がこんなふうに答える、という場面を鮮明にイメージしながら、会話のトレーニングをしてみるのだ。

「実際に、会話のトレーニングをしているわけじゃないんだから、そんなことは意味がない」と思われる人がいるかもしれないが、それは違う。**イメージ・トレーニングは、現実のトレーニングと同じような効果をもたらしてくれるのだ。**

包丁を上手に使えるようになりたいなら、自分が包丁を上手に使っているイメージ・トレーニングをすればいいのだし、速く走りたいのなら、速く走っている姿をイメージして、トレーニングするといい。現実に練習しているわけではないのだが、イメージだけでもずいぶんと技術は上達するはずだ。

イメージ・トレーニングについて調べた研究によると、たしかに、イメージ・トレーニングは現実のトレーニングに比べると、練習の効果は弱いことが知られている。けれども、まったく意味がないのかというと、そんなこともない。イメージ・トレーニングをしない条件に比べると、やはり練習の効果が見られるのだ。

私は、講演会やセミナーに出かけるときには、移動のための新幹線や飛行機の中で、その日の講演会のリハーサルを頭の中でくり返しているのだが、これもいってみればイメージ・トレーニングである。そういうことをやっておくと、まったく何もしない人に比べれば、はるかに上手に話せるのではないかと思われる。

HACK 76

よくない状況から注意をそらす。

精神的にキツイと感じるときには、何かほかのことに注意を向けてしまうといい。注意をほかのところに向けることを、心理学では「注意拡散法」と呼んでいるのだが、このテクニックは意外に効果的だ。

マラソンをしているとき、つらくてつらくてどうしようもなくなったら、ひとつ先の電信柱を見つめながら走るようにすると、そんなにつらさを感じなくなる。電信柱が近づいてきたら、またひとつ先の電信柱へと焦点を移すのだ。これをくり返していると、そんなに苦労せずにゴールまでたどり着ける。

これは実験でも裏づけられている。

ダートマス大学のデリア・チョーフィーは、痛みを感じるほどの氷水の入ったバケツに手を入れて、限界まで我慢させるという過酷な実験をした。

その際、あるグループにだけ、注意拡散法を使うように仕向けた。具体的には、バケツに手を入れているときに、自分の部屋について思い出してもらったのだ。何色のカーテンだったか、机の上にあるものは何か、そういうことを鮮明に思い出すようにお願いしておいたのである。残りのグループには、「手の痛みをあえて考えないように」という指示を出しておいた。

その結果、**注意拡散法を試しながら我慢させたグループのほうが、痛みにより長く耐えられることがわかったのである。**ほかのことを考えていると、手の冷たさの痛みはあまり感じなくなるらしい。

苦しくて、苦しくて、もう逃げ出したいという状況では、あえて別のところに注意を向けるようにするといい。すると、意外に、我慢しているという意識もなく、我慢できてしまうものである。

退屈な会議に出席しなければならないときには、発言者の顔をじっと見つめるようにしていると、そんなに退屈しなくなる。私も、これを実践しているのだが、ものすごく効果的だ。しかも、発言者の顔をじっと見つめていると、積極的に会議に参加しているようにも見える。ちゃんと話を聞いていると、ほかの人たちは思ってくれるのだ。

人の顔というものは、観察していると面白いものである。電車や飛行機の待ち時間のときでは、その辺にいる人の顔を観察していると、いい暇つぶしにもなる。だれにとっても、待たされる時間というのは長く感じるもので、イライラしてきてしまうものだが、注意拡散法で、人の顔を見ていると、そんなに腹も立ってこない。

人と面会するとき、待合室のようなところで待たされるときも、注意拡散法は有効だ。

部屋にあるものをじっと見つめて観察していると、イライラしたり、緊張したりせずに、落ち着いて相手が来るのを待つことができる。

HACK 77

「チクショウ！」と叫ぶ。

精神的に苦しい状況では、あえて汚い言葉を口にするのもいい作戦である。

「チクショウ！」

「バカヤロウ！」

こうした言葉は、ののしり言葉と呼ばれており、できるだけ口にしないのがマナーであるとされているが、**つらい状況を乗り越えるときには、こういうセリフが意外に効く。**

英国キール大学のリチャード・ステファンズは、67名の男性と女性を二つのグループに分けて、冷たい氷水に手を入れて我慢させる実験を行ってみたのだが、片方のグループは、手を入れている間中、ののしり言葉を喚《わめ》かせたのである。「ファック！」「シット！」といった、外国の映画やドラマでよく聞くセリフが、ののしり言葉である。もう片方のグループは声を出さず、我慢できるだけ我慢するように指示しておいた。

では、どれくらい耐えられたのかというと、結果は次のようになった。

ののしり（ファック、シットなど）……男性190・63秒、女性120・29秒
ののしりなし…………………男性146・71秒、女性83・28秒

データからわかるように、**男性でも、女性でも、ののしり言葉を口に出しているときのほうが、かなり長く我慢できる時間が延びている。**つまりは、ののしり言葉を口にしていると、人は我慢強くなれるのである。

「クソッ、絶対に俺は諦めないぞ。チクショウ、絶対にやめないからな！」と口に出しながら作業をするのは、あまり品がよくない。けれども、それによって底力を引っ張り出すことができるのであれば、周囲に人がいないような場合であれば、使うことも許されるのではないかと思われる。

なぜ、ののしり言葉を口に出していると、心にパワーが出てくるのか。

そのメカニズムはまだよくわかっていないのであるが、おそらくは、**ののしり言葉を口にすることによって、他人から侮蔑されたときのような悔しさや怒りが引き出されるからではないだろうか。**

他人から、「バカ」「アホ」とののしられると、その悔しさをバネにして、よりいっそう勉強に励むとか、仕事で見返してやろうという意欲が生まれるものだが、自分で自分をののしることによって、心に怒りが湧いてきて、それがパフォーマンスの向上に役立ったり、我慢強くなるのに役立ったりするのかもしれない。

自分のメンタルが弱くなっているようなときには、とても口に出せないような汚い言葉を口にするのも、たまにはいいのではないかと思う。

おわりに

もう、ネガティブ感情は怖くない。

「メンタルを鍛えたいのですが、どんなことをすればいいのかわかりません」「いったい、私たちの心って、鍛えられるものなのですかね？」

講演会やセミナーで、参加者たちからよく聞かれる質問だ。答えは、もちろん「イエス」。私は、質問を受けるたびに、「こんな方法がありますよ」と二つか三つのやり方を教えているのであるが、いちいち質問に答えるのが面倒くさいので、いつかはメンタルを鍛える方法ばかりを集めた本をつくりたいと思っていた。一冊の本にしてしまえば、「この本を読んでいただければ、満足のいく方法が絶対に見つかるはずですよ」と、タイトルだけを教えればすむからである。

長らく、そのような思いを抱いていたのであるが、このたび清談社 Publico の畑祐介さんから「メンタルの本を書いてみませんか？」と、渡りに舟の依頼をいただくことができた。これ幸いと、調べられるだけの論文を調べ上げ、一冊にまとめたのが本書である。

抑うつ、不安、悲観、緊張といったネガティブな感情に悩む人は多いと思うのだが、そうした感情をどうやって払拭すればいいのかについて、本書では徹底的に論じてきたつもりだ。**本書をお読みいただければ、おそらくは、ほとんどすべてのネガティブ感情を払拭できると思う。**

心がどうしようもないほどに病んでしまったときには、カウンセラーやセラピスト、精神科医などに相談する必要があるかもしれないが、ごくごく普通の悩みであれば、本書で紹介してきたメンタル・ハックを使っていただければ、おそらくは自分ひとりでも容易に解決できると思われる。

もし、ある方法を試してみて、それが自分には向いていないと思うのなら、別の方法を試してみてほしい。あるいは、複数の方法を同時に試してみてもいい。ひとつのやり方にこだわるのではなく、〝合わせ技〟を使うのである。そうすれば、よりたやすくネガティブ感情を吹き飛ばすことができる。

ネガティブ感情というものは、思い出したように私たちを襲ってくるものだが、それはちょうど、季節の変わり目になると、だれでも体調を崩したり、風邪を引いたりするのと同じである。人間である以上、ネガティブ感情に悩まされるのは、しかたがないという側面もあるのだ。

とはいえ、**ネガティブ感情に襲われたときに、どうやって対処すればいいのかを知っておくと、そんなにネガティブ感情を恐れなくなる。**いってみれば、常備薬をきちんと準備しておけば、少しくらい熱が出ても、どうということはないという気持ちでいられるのと一緒だ。ぜひ、本書をみなさんの「心の常備薬」としてご利用いただければ幸いだ。

最後になってしまったが、ここまでお読みいただいたすべての読者にお礼を申し上げる。本当にありがとうございました。また、どこかでお目にかかりましょう。

内藤《ないとう》誼人《よしひと》

Park, C. L., Cohen, L. H., & Murch, R. L. 1996 Assessment and prediction of stress-related growth. Journal of Personality ,64, 71-105.

Peters, B. L., & Stringham, E. 2006 No Booze? You may lose:Why drinkers earn more money than nondrinkers. Journal of Labor Research ,27, 411-421.

Piliavin, J. A., Callero, P. L., & Evans, D. E. 1982 Addiction to altruism? Opponent-process theory and habitual blood donation. Journal of Personality and Social Psychology ,43, 1200-1213.

Profusek, P. J., & Rainey, D. W. 1987 Effects of Baker-Miller pink and red on state anxiety, grip strength, and motor precision. Perceptual and Motor Skills ,65, 941-942.

Raikov, V. L. 1976 The possibility of creativity in the active stage of hypnosis. International Journal of Clinical and Experimental Hypnosis ,24, 258-268.

Rodin, J., & Langer, E. J. 1977 Long-term effects of a control-relevant intervention with the institutionalized aged. Journal of Personality and Social Psychology ,35, 397-402.

Roese, N. J., Pennington, G. L., Coleman, J., Janicki, M., Li, N. P., & Kenrick, D. T. 2006 Sex differences in regret: All for love or some for lust? Personality and Social Psychology Bulletin ,32, 770-780.

Rymal, A. M., Martini, R., & Ste-Marie, D. M. 2010 Self-regulatory processes employed during self-modeling: A qualitative analysis. The Sport Psychologist ,24, 1-15.

Sanna, L. J., Chang, E. C., Carter, S. E., & Small, E. M. 2006 The future is now: Prospective temporal self-appraisals among defensive pessimists and optimists. Personality and Social Psychology Bulletin ,32, 727-739.

Schwartz, B., Ward, A., Monterosso, J., Lyubomirsky, S., White, K., & Lehman, D. R. 2002 Maximizing versus satisficing: Happiness is a matter of choice. Journal of Personality and Social Psychology ,83, 1178-1197.

Sedikides, C., Rudich, E. A., Gregg, A. P., Kumashiro, M., & Rusbult, C. 2004 Are normal narcissists psychologically healthy?: Self-esteem matters. Journal of Personality and Social Psychology ,87, 400-416.

Shaffer, C. T., & Tenenbaum, G. 2015 Implicit theories of mental skills abilities in collegiate athletes. Journal of Applied Sport Psychology ,27, 464-476.

Shallcross, A. J., Ford, B. Q., Floerke, V. A., & Mauss, I. B. 2013 Getting better with age: The relationship between age, acceptance, and negative affect. Journal of Personality and Social Psychology ,104, 734-749.

Smith, R. E., & Campbell, A. L. 1973 Social anxiety and strain toward symmetry in dyadic attraction. Journal of Personality and Social Psychology ,28, 101-107.

Sonnby-Borgstrom, M., Jonsson, P., & Svensson, O. 2003 Emotional empathy as related to mimicry reactions at different levels of information processing. Journal of Nonverbal Behavior ,27, 3-23.

Spinella, M., & Lester, D. 2006 Can money buy happiness? Psychological Reports ,99, 992.

Stephens, R., Atkins, J., & Kingston, A. 2009 Swearing as a response to pain. Neuroreport, 20, 1056-1060.

Vrugt, A. 2007 Effects of a smile reciprocation and compliance with a request. Psychological Reports ,101, 1196-1202.

Watts, B. L., 1982 Individual differences in circadian activity rhythms and their effects on roommate relationships. Journal of Personality ,50, 374-384.

Wilson, V. E., & Peper, E. 2004 The effects of upright and slumped postures on the recall of positive and negative thoughts. Applied Psychophysiology and Biofeedback, 29, 189-195.

Zullow, H. M. & Seligman, M. E. P. 1990 Pessimistic rumination predicts defeat of presidential candidates 1900 to 1984. Psychological Inquiry ,1, 52-61.

Kasser, T., & Ryan, R. M. 1996 Further examining the American dream: Differential correlates of intrinsic and extrinsic goals. Personality and Social Psychology Bulletin ,22, 280-287.

Keller, J., & Bless, H. 2005 When negative expectancies turn into negative performance: The role of ease of retrieval. Journal of Experimental Social Psychology ,41, 535-541.

Kelly, W. E. 2002 Correlations of sense of humor and sleep disturbance ascribed to worry. Psychological Reports ,91, 1202-1204.

Kinnier, R. T., Tribbensee, N. E., Rose, C. A., & Vaughan, S. M. 2001 In the final analysis: More wisdom from people who have faced death. Journal of Counseling and Development ,79, 171-177.

Kroth, J., Roeder, B., Gonzales, G., Tran, K., & Orzech, K. 2005 Dream reports and marital satisfaction. Psychological Reports ,96, 647-650.

Kulik, J. A., Mahler, H. I. M., & Moore, P. J. 1996 Social comparison and affiliation under threat: Effects on recovery from major surgery. Journal of Personality and Social Psychology ,71, 967-979.

Lally, P., van Jaarsveld, C. H. M., Potts, H. W. W., & Wardle, J. 2010 How are habits formed: Modeling habit formation in the real world. European Journal of Social Psychology ,40, 998-1009.

Lautenbach, F., Laborde, S., Mesagno, C., Lobinger, B. H., Achtzehn, S., & Arimond, F. 2015 Nonautomated pre-performance routine in tennis: An intervention study. Journal of Applied Sport Psychology ,27, 123-131.

Leary, M. R., Rogers, P. A., Canfield, R. W., & Coe, C. 1986 Boredom in interpersonal encounters: Antecedents and social implications. Journal of Personality and Social Psychology ,51, 968-975.

Legrand, F. D., & Apter, M. J. 2004 Why do people perform thrilling activities? A study based on reversal theory. Psychological Reports , 94, 307-313.

Lester, D. 2015 Morningness, eveningness, current depression, and past suicidality. Psychological Reports ,116, 331-336.

Lester, D., Iliceto, P., Pompili, M., & Girardi, P. 2011 Depression and suicidality in obese patients. Psychological Reports ,108, 367-368.

Levitt, M. J., Silver, M. E., & Franco, N. 1996 Troublesome relationships: A part of human experience. Journal of Social Personal Relationships ,13, 523-536.

Li, X., Wei, L., & Soman, D. 2010 Sealing the emotions genie: The effects of physical enclosure on psychological closure. Psychological Science ,21, 1047-1050.

Luong, G., Charles, S. T., & Fingerman, K. L. 2011 Better with age: Social relationships across adulthood. Journal of Social Personal Relationships ,28,, 9-23.

Mastellone, M. 1974 Aversion therapy: A new use for the old rubber band. Journal of Behavior Therapy and Experimental Psychiatry ,5, 311-312.

Monahan, J. L., & Samp, J. A. 2007 Alcohol's effects on goal-related appraisals and communicative behaviors. Communication Research ,34, 332-351.

Murphy, P. L., & Miller, C. T. 1997 Postdecisional dissonance and the commodified self-concept: A cross cultural examination. Personality and Social Psychology Bulletin ,23, 50-62.

Nasco, S. A., & Marsh, K. L. 1999 Gaining control through counterfactual thinking. Personality and Social Psychology Bulletin ,25, 556-568.

Neuwirth, K., Frederick, E., & Mayo, C. 2007 The spiral of silence and fear of isolation. Journal of Communication ,57, 450-468.

Palmer, L. K. 1995 Effects of a walking program on a attributional style, depression, and self-esteem in women. Psychological Reports ,81, 891-898.

Edelman, S., & Kidman, A. D. 2000 Application of cognitive behavior therapy to patients who have advanced cancer. Behavior Change ,17, 103-110.

English, M. L., & Stephens, B. R. 2004 Formal names versus nicknames in the context of personal ad. Journal of Social Psychology ,144, 535-537.

Erickson, T. M., & Abelson, J. L. 2012 Even the downhearted may be uplifted: Moral elevation in the daily life of clinically depressed and anxious adults. Journal of Social and Clinical Psychology ,31, 707-728.

Finkenauer, C., & Hazam, H. 2000 Disclosure and secrecy in marriage: Do both contribute to marital satisfaction? Journal of Social Personal Relationships ,17, 245-263.

Fredrickson, B. L., Mancuso, R. A., Branigan, C., & Tugade, M. M. 2000 The undoing effect of positive emotions. Motivation and Emotion ,24, 237-258.

Geschwind, N., Peeters, F., Drukker, M., Os, J. V., & Wichers, M. 2011 Mindfulness training increase momentary positive emotions and reward experience in adults vulnerable to depression: A randomized controlled trial. Journal of Consulting and Clinical Psychology ,79, 618-628.

Gilovich, T., & Medvec, V. H. 1995 The experience of regret. What, when, and why. Psyghological Review ,102, 379-395.

Gottman, J. M. 1994 What predicts divorce? The relationship between marital processes and marital outcomes. Hillsdalc, NJ: Laurencc Erlbaum.

Geir, J., & Esther, H. 2008 Avoidance motivation and choking under pressure in soccer penalty shootouts. Journal of Sport & Exercise Psychology ,30, 450-457.

Gould, D., Eklund, R. C., & Jackson, S. A. 1992 1988 U.S. Olympic wrestling excellence: 1. Mental preparation, precompetitive cognition, and affect. The Sport Psychologist ,6, 358-382.

Grant, A. M., & Gino, F. 2010 A little thanks goes a long way: Explaining why gratitude expressions motivate prosocial behavior. Journal of Personality and Social Psychology ,98, 946-955.

Gueguen, N., Pichot, N., & Le Dreff, G. 2005 Similarity and helping behavior on the Web: The impact of the convergence of surnames between a solicitor and a subject in a request made by E-mail. Journal of Applied Social Psychology ,35, 423-429.

Hannes, S. 2016 Unmet Aspirations as an explanation for the age U-shape in wellbeing. Journal of Economic Behavior & Organization ,122, 75-87.

Heiby, E. M., & Mearig, A. 2002 Self-control skills and negative emotional state: A focus on hostility. Psychological Reports ,90, 627-633.

Helliwell, J. F., & Huang, H. 2011 Well-being and trust in the workplace. Journal of Happiness Studies ,12, 747-767.

Hill, A. P., & Curran, T. 2016 Multidimensional perfectionism and burnout: A meta-analysis. Personality and Social Psychology Review ,20, 269-288.

Hodge, K., & Smith, W. 2014 Public expectation, pressure, and avoiding the choke: A case study from elite sport. The Sport Psychologist ,28, 375-389.

Hung, I. W., & Labroo, A. A. 2011 From firm muscles to firm willpower: Understanding the role of embodied cognition in self-regulation. Journal of Consumer Research ,37, 1046-1064.

Isaacowitz, D. M. 2005 The gaze of the optimist. Personality and Social Psychology Bulletin ,31, 407-415.

Joiner, T. E.,Jr., Alfano, M. S., & Metalsky, G. I. 1992 When depression breeds contempt: Reassurance seeking, self-esteem, and rejection of depressed college students by their roommates. Journal of Abnormal Psychology ,101, 165-173.

Kappas, A., Hess, U., Barr, C. L., & Kleck, R. E. 1994 Angle of regard: The effect of vertical viewing angle on the perception of facial expressions. Journal of Nonverbal Behavior ,18, 263-283.

参考文献

Abdel-Khalek, A. M., & El-Yahfoufi, N. 2005 Wealth is associated with lower anxiety in a sample of Lebanese students. Psychological Reports ,96, 542-544.

Alden, L., & Cappe, R. 1981 Nonassertiveness: Skill deficit or selective self-evaluation? Behavior Therapy ,12, 107-114.

Allen, K., Shykoff, B., & Izzo, J. 2001 Pet ownership but not ACE inhibitor therapy, Blunts home blood pressure responses to mental stress. Hypertension ,38, 815-820.

Bandura, A., & Schunk, D. H. 1981 Cultivating competence, self-efficacy, and intrinsic interest through proximal self-motivation. Journal of Personality and Social Psychology ,41, 586-598.

Barlow, M., Woodman, T., Gorgulu, R., & Voyzey, R. 2016 Ironic effects of performance are worse for neurotics. Psychology of Sport and Exercise ,24, 27-37.

Bauer, I., & Wrosch, C. 2011 Making up for lost opportunities: The protective role of downward social comparisons for coping with regrets across adulthood. Personality and Social Psychology Bulletin ,37, 215-228.

Beike, D. R., Markman, K. D., & Karadogan, F. 2009 What we regret most are lost opportunities: A theory of regret intensity. Personality and Social Psychology Bulletin , 35, 385-397.

Borkovec, T. D., Fleischmann, D. J., & Caputo, J. A. 1973 The measurement of anxiety in an analogue social situation. Journal of Consulting and Clinical Psychology ,71, 157-161.

Bradshaw, S. D. 1998 I'll go if you will: Do shy persons utilize social surrogates? Journal of Social and Personal Relationships ,15, 651-669.

Brickman, P., Coates, D., & Janoff-Bulman, R. 1978 Lottery winners and accident victims: Is happiness relative? Journal of Personality and Social Psychology ,36, 917-927.

Britt, D. M., Cohen, L. M., Collins, F. L., & Cohen, M. L. 2001 Cigarette smoking and chewing gum: Responses to a laboratory-induced stressor. Health Psychology ,20, 361-368.

Brouziyne, M., & Molinaro, C. 2005 Mental imagery combined with physical practice of approach shots for golf beginners. Perceptual and Motor Skills ,101, 203-211.

Burnett, K. M., Solterbeck, L. A., & Strapp, C. M. 2004 Scent and mood state following an anxiety-provoking task. Psychological Reports ,95, 707-722.

Burris, C. T., & Rempel, J. K. 2008 Me, myself, and us: Salient self-threats and relational connections. Journal of Personality and Social Psychology ,95, 944-961.

Canevello, A., & Crocker, J. 2010 Creating good relationships: Responsiveness, relationship quality, and interpersonal goals. Journal of Personality and Social Psychology ,99, 78-106.

Cioffi, D., & Holloway, J. 1993 Delayed costs of suppressed pain. Journal of Personality and Social Psychology ,64, 274-282.

Cline, K. M. C. 2010 Psychological effects of dog ownership: Role strain, role enhancement, and depression. Journal of Social Psychology ,150, 117-131.

Crust, L., & Clough, P. J. 2005 Relationship between mental toughness and physical endurance. Perceptual and Motor Skills ,100, 192-194.

Cunningham, M. R. 1997 Social allergens and the reactions that they produce: Escalation of annoyance and disgust in love and work. In Aversive Interpersonal Behaviors , edited by R. M. Kowalski. New York: Plenum Press.

de la Cerda, P., Cervello, E., Cocca, A., & Viciana, J. 2011 Effect of an aerobic training program as complementary therapy in patients with moderate depression. Perceptual and Motor Skills, 112, 761-769.

Durand-Bush,N. 2002 The development and maintenance of expert athletic performance: Perceptions of world and Olympic champions. Journal of Applied Sport Psychology ,14, 154-171.

世界最先端《せかいさいせんたん》の研究《けんきゅう》から生《う》まれた
すごいメンタル・ハック
ストレスフリーで生《い》きる77の心理術《しんりじゅつ》

2021年3月12日　第1刷発行

著　者　内藤誼人《ないとうよしひと》

カバーデザイン　金井久幸（TwoThree）
本文デザイン　藤 星夏（TwoThree）
イラスト　Hama-House
本文DTP　友坂依彦
編集協力　小島義晴

発行人　畑 祐介
発行所　株式会社 清談社Publico
〒160-0021
東京都新宿区歌舞伎町2-46-8 新宿日章ビル4F
TEL：03-6302-1740　FAX：03-6892-1417

印刷所　中央精版印刷株式会社

ISBN 978-4-909979-13-1 C0030

清談社
Publico

http://seidansha.com/publico
Twitter @seidansha_p
Facebook http://www.facebook.com/seidansha.publico